A. Kübler · J. Mühling
Leitlinien für die Mund-, Kiefer- und Gesichtschirurgie

Springer-Verlag Berlin Heidelberg GmbH

A. Kübler · J. Mühling

# Leitlinien
## für die Mund-, Kiefer- und Gesichtschirurgie

Dr. Dr. Alexander Kübler
Prof. Dr. Dr. Joachim Mühling

Klinik für Mund-, Zahn- und Kieferkrankheiten
Klinik und Poliklinik für Mund-, Kiefer- und Gesichtschirurgie
Im Neuenheimer Feld 400, 69120 Heidelberg

ISBN 978-3-540-63566-6

Die Deutsche Bibliothek - CIP-Einheitsaufnahme
Kübler, Alexander: Leitlinien für die Mund-, Kiefer- und Gesichtschirurgie/ Alexander Kübler; Joachim Mühling. - Berlin; Heidelberg; New York; Barcelona; Budapest; Hongkong; London; Mailand; Paris; Santa Clara; Singapur; Tokio: Springer, 1998
ISBN 978-3-540-63566-6    ISBN 978-3-642-58805-1 (eBook)
DOI 10.1007/978-3-642-58805-1

Dieses Werk ist urheberrechtlich geschützt. Die dadurch begründeten Rechte, insbesondere die der Übersetzung, des Nachdrucks, des Vortrags, der Entnahme von Abbildungen und Tabellen, der Funksendung, der Mikroverfilmung oder der Vervielfältigung auf anderen Wegen und der Speicherung in Datenverarbeitungsanlagen, bleiben, auch bei nur auszugsweiser Verwertung, vorbehalten. Eine Vervielfältigung dieses Werkes oder von Teilen dieses Werkes ist auch im Einzelfall nur in den Grenzen der gesetzlichen Bestimmungen des Urheberrechtsgesetzes der Bundesrepublik Deutschland vom 9. September 1965 in der jeweils geltenden Fassung zulässig. Sie ist grundsätzlich vergütungspflichtig. Zuwiderhandlungen unterliegen den Strafbestimmungen des Urheberrechtsgesetzes.

© Springer-Verlag Berlin Heidelberg 1998
Ursprünglich erschienen bei Springer-Verlag Berlin Heidelberg 1998

Die Wiedergabe von Gebrauchsnamen, Handelsnamen, Warenbezeichnungen usw. in diesem Werk berechtigt auch ohne besondere Kennzeichnung nicht zu der Annahme, daß solche Namen im Sinne der Warenzeichen- und Markenschutz-Gesetzgebung als frei zu betrachten wären und daher von jedermann benutzt werden dürften.

Produkthaftung: Für Angaben über Dosierungsanweisungen und Applikationsformen kann vom Verlag keine Gewähr übernommen werden. Derartige Angaben müssen vom jeweiligen Anwender im Einzelfall anhand anderer Literaturstellen auf ihre Richtigkeit überprüft werden.

Datenkonvertierung: K+V Fotosatz, Beerfelden

Bindearbeiten: Lüderitz & Bauer, Berlin
Umschlaggestaltung: F. Steinen-Broo, Pau, Spanien

SPIN 10644513    24/3135-5 4 3 2 1 0 - Gedruckt auf säurefreiem Papier

# Vorwort

Die Pflicht zur Qualitätssicherung wurde erstmals im SGB V 1989 gesetzmäßig verankert und 1993 in das Gesundheitsstrukturgesetz übernommen. Unabhängig von der gesetzlichen Regelung stellt die Qualitätssicherung in der Medizin eine vordringliche Aufgabe dar. Sie wurde bislang auch schon in gewissem Umfang betrieben. Das derzeit im Aufbau befindliche Qualitätssystem basiert auf der ISO 9000, die auch im industriellen Bereich zur Anwendung kommt. Sie gibt detailliert die Verfahrensweise vor.
Grundsätzlich muß zwischen Struktur-, Prozeß- und Ergebnisqualität unterschieden werden. Die Strukturqualität ist in Deutschland weitgehend definiert und festgelegt. Sie wird ständig überwacht.
Die Ergebnisqualität kann im medizinischen Bereich nur schwer erfaßt werden, dennoch sind entsprechende Dokumentationsbögen bereits im Entwurf ausgearbeitet.
Die Prozeßqualität wurde bislang noch wenig berücksichtigt, daher wurde den medizinisch-wissenschaftlichen Fachgesellschaften der Auftrag erteilt, entsprechende Leitlinien für Diagnostik und Therapie zu erarbeiten. Die Leitlinien sollen den guten medizinischen Durchschnitt wiedergeben. Sie sollen den Behandlungsablauf nicht einengen, sondern lediglich einen bestimmten Behandlungskorridor abgrenzen. Sie müssen selbstverständlich fortwährend den Entwicklungen und Fortschritten der Medizin angepaßt werden. Leitlinien können auch nicht bindend sein. Der Arzt muß bei jedem Patienten individuell das Diagnose- und Behandlungsschema festlegen.
Qualitätssicherung dient nicht primär der Kostensenkung oder Kontrolle, sondern steht vordringlich im Dienste der Patientenzufriedenheit. Allerdings kann sie auch helfen, Unwirtschaftlichkeiten zu vermeiden.
Von der Generalversammlung der Deutschen Gesellschaft für Mund-, Kiefer- und Gesichtschirurgie wurde Professor Mühling am 31. 5. 1996 mit der Erstellung der Leitlinien für das Fachgebiet beauftragt. Gleichzeitig wurden zwei Perso-

nen aus dem wissenschaftlichen Bereich (Reinhart, Schmelzeisen), aus dem Berufsverband (Karl, Schmetzer), aus dem Bereich der Chefärzte (Hartmann, Koch) sowie ein Vertreter für die DÖSAG (Metelmann) benannt, die an der Konsentierung repräsentativ teilnehmen sollten. Nach Fertigstellung des Entwurfs wurde er diesem Gremium zur Prüfung bzw. Überarbeitung überlassen. Danach wurde eine Konsensuskonferenz einberufen, bei der die Leitlinien entsprechend korrigiert und einstimmig verabschiedet wurden. Ferner wurden als Updatezeitraum zwei Jahre festgelegt. Bei der vorliegenden Ausgabe handelt es sich um eine Kurzfassung, die auch über die Arbeitsgemeinschaft der Wissenschaftlichen Medizinischen Fachgesellschaften (AWMF) ins Internet gegeben wird.

Mit den nachfolgenden Leitlinien wird ein wichtiger Schritt zur Qualitätssicherung in der Mund-Kiefer-Gesichtschirurgie im Sinne der ISO 9000 getan.

Heidelberg, September 1997          J. Mühling

# Inhaltsverzeichnis

| 1 | Allgemeine Diagnose- und Behandlungsgrundsätze | 1 |
|---|---|---|
| 1.1 | Therapieziele | 1 |
| 1.2 | Therapieindikationen | 1 |
| 1.3 | Untersuchungen | 1 |
| 1.4 | Therapie | 1 |
| 1.5 | Risikofaktoren | 2 |
| 1.6 | Komplikationen | 2 |
| 1.7 | Aufklärung | 2 |

| 2 | Dentoalveoläre Chirurgie | 3 |
|---|---|---|
| 2.1 | Weisheitszähne | 3 |
| 2.2 | Retinierte oder impaktierte Zähne (außer Weisheitszähne) | 6 |
| 2.3 | Erkrankungen der durchgebrochenen Zähne | 8 |
| 2.4 | Odontogene Infektionen und Abszesse | 11 |
| 2.5 | Wurzelspitzenresektion | 13 |
| 2.6 | Knochen- und Weichgewebeveränderungen | 15 |
| 2.7 | Implantatversorgung | 17 |

| 3 | Traumatologie | 21 |
|---|---|---|
| 3.1 | Zahntrauma | 21 |
| 3.2 | Alveolarfortsatzfrakturen | 24 |
| 3.3 | Unterkieferfrakturen | 26 |
| 3.3.1 | Unterkieferkörper- und aufsteigende Astfrakturen | 26 |
| 3.3.2 | Unterkiefergelenkfortsatzfrakturen | 29 |
| 3.4 | Zentrale Mittelgesichtsfrakturen | 32 |
| 3.5 | Laterale Mittelgesichtsfrakturen | 35 |
| 3.6 | Zentrolaterale Mittelgesichtsfrakturen | 37 |

| | | |
|---|---|---|
| 3.7 | Orbitabodenfrakturen | 40 |
| 3.8 | Nasenbeinfrakturen | 43 |
| 3.9 | Stirn- und Sinus-frontalis-Verletzungen | 45 |
| 3.10 | Orale und periorale Weichgewebeverletzungen | 48 |
| 3.11 | Periorbitale Weichgewebeverletzungen | 51 |
| 3.12 | Perinasale Weichgewebeverletzungen | 53 |
| 3.13 | Gesichtsweichteilverletzungen | 56 |
| 3.14 | Ohrmuschelverletzungen | 58 |
| 3.15 | Skalpverletzungen | 60 |
| 3.16 | Luftwegobstruktion | 62 |

## 4 Fehlbildungen und Entwicklungsstörungen ..... 65

| | | |
|---|---|---|
| 4.1 | Dysgnathien | 65 |
| 4.1.1 | Progenie (mandibuläre Prognathie) | 65 |
| 4.1.2 | Retrogenie (mandibuläre Retrognathie) | 68 |
| 4.1.3 | Unterkieferasymmetrie | 70 |
| 4.1.4 | Offener Biß | 73 |
| 4.1.5 | Mittelgesichtshypoplasie | 76 |
| 4.2 | Lippen-, Kiefer- und Gaumenspalten | 78 |
| 4.2.1 | Lippenspalten | 79 |
| 4.2.2 | Lippen-Kiefer-Spalten | 80 |
| 4.2.3 | Gaumenspalten | 83 |
| 4.2.4 | Lippen-Kiefer-Gaumen-Spalten | 85 |
| 4.2.5 | Velopharyngeale Funktionsstörungen | 87 |
| 4.2.6 | Spaltbedingte Nasendeformitäten | 89 |
| 4.3 | Kraniofaziale Fehlbildungen | 91 |
| 4.4 | Orbitadystopien | 93 |

## 5 Pathologische Gewebeveränderungen ..... 97

| | | |
|---|---|---|
| 5.1 | Knochenzysten | 97 |
| 5.2 | Osteomyelitis | 100 |
| 5.3 | Osteoradionekrose | 102 |
| 5.4 | Metabolische und dystrophe systemische Erkrankungen des Knochens | 105 |
| 5.5 | Benigne Knochentumoren | 107 |
| 5.6 | Maligne Knochentumoren | 109 |
| 5.7 | Weichteilzysten | 112 |
| 5.8 | Vaskuläre Malformation im Weichgewebe | 114 |

| 5.9 | Benigne Tumoren der Haut und der Weichgewebe | 115 |
| 5.10 | Maligne Tumoren der Haut und der Weichgewebe | 117 |
| 5.11 | Mundschleimhauterkrankungen | 120 |
| 5.12 | Speicheldrüsenzysten | 122 |
| 5.13 | Speicheldrüseninfektionen | 123 |
| 5.14 | Speicheldrüsensteine und Syndrome | 125 |

## 6 Kiefergelenkerkrankungen ... 127

| 6.1 | Myopathien | 127 |
| 6.2 | Degenerative Kiefergelenkerkrankungen | 129 |
| 6.3 | Rheumatoide Arthritis | 132 |
| 6.4 | Infektiöse Arthritis | 134 |
| 6.5 | Kiefergelenkluxation | 137 |
| 6.6 | Ankylose und Unterkieferhypomobilität | 139 |
| 6.7 | Kondylushypo- und -hyperplasie | 141 |
| 6.8 | Idiopathische Kondylusresorption | 143 |

## 7 Plastische und rekonstruktive Chirurgie ... 147

| 7.1 | Unterkiefer- und Oberkieferdefekte | 149 |
| 7.2 | Jochbeindefekte | 151 |
| 7.3 | Knöcherne Orbitadefekte | 154 |
| 7.4 | Knöcherne Nasendefekte | 156 |
| 7.5 | Knöcherne kraniofaziale Deformitäten | 158 |
| 7.6 | Knöcherne Defekte im Bereich des Gesichts | 160 |
| 7.7 | Weichgewebedefekte im Bereich des Gesichts | 162 |
| 7.8 | Weichgewebedefekte im Bereich der Mundhöhle | 164 |
| 7.9 | Deformitäten des äußeren Ohres | 166 |
| 7.10 | Zervikofazialer Weichgewebeüberschuß | 168 |
| 7.11 | Hautdeformitäten | 169 |
| 7.12 | Neurologische Defekte/Nervenverletzungen | 170 |
| 7.13 | Erkrankung mit vaskulären Begleiterscheinungen | 172 |

## 8 Anästhesie ... 175

| 8.1 | Lokalanästhesie | 175 |
| 8.2 | Analgosedierung | 177 |
| 8.3 | Vollnarkose | 178 |

# 1 Allgemeine Diagnose- und Behandlungsgrundsätze

## 1.1 Therapieziele

Die Therapieziele müssen sich grundsätzlich auf medizinische und ethische Überlegungen stützen. Die nachfolgend angeführten Leitlinien berücksichtigen die Minimaltherapie. Das Therapieziel muß individuell und gemeinsam vom Behandler und dem Patienten festgelegt werden. Risikofaktoren und Komplikationen können die komplette Wiederherstellung beeinträchtigen.

## 1.2 Therapieindikationen

Die Therapieindikation muß die individuellen Belange des Patienten einbeziehen. Dabei sind medizinische Möglichkeiten, alternative Behandlungsmethoden unter Einbezug ethischer Gesichtspunkte, das soziale Umfeld des Patienten, die Anforderungen des Patienten und die Risikofaktoren gegeneinander abzuwägen. Die Indikation zur Therapie kann aus einem einzigen Grund oder beim Zusammentreffen mehrerer Faktoren gegeben sein.

## 1.3 Untersuchungen

Die Untersuchungen sind nach notwendigen und weiterführenden Untersuchungen unterteilt. Die notwendigen Untersuchungen stellen das minimale Anforderungsprofil dar, können im Einzelfall jedoch auch unterschritten werden. Eine Anamnese und eine klinische Untersuchung sind Bestandteil jeder Untersuchung. Weiterführende Untersuchungen, wie z. B. laborchemische oder interdisziplinäre Untersuchungen sind bei Verdacht auf Vorliegen von Allgemeinerkrankungen oder weiteren Erkrankungen durchzuführen.

## 1.4 Therapie

Die nachfolgend aufgeführten Therapieformen sind bewußt allgemein abgefaßt. Dabei wird grundsätzlich zwischen konservativen und operativen Maßnahmen unterschieden. Die Auswahl des günstigsten Therapieverfahrens hat der Arzt in Absprache mit dem Patienten nach bestem Wissen und Gewissen festzulegen. Grundsätzlich sollte die Therapie direkt auf das Therapieziel zuführen, wobei jedoch auch unterschiedliche Therapieverfahren zum gleichen

Ergebnis führen können. Bei allen offenen Verletzungen ist eine Abklärung des Tetanusschutzes und ggf. eine (Auffrischungs-) Impfung durchzuführen. In bestimmten Fällen kann eine Therapie ex juvantibus notwendig sein.

## 1.5 Risikofaktoren

In den Leitlinien wird auf die gängigsten Risikofaktoren verwiesen. Extrem seltene Risikofaktoren werden nicht genannt. Gemeinsam für alle Patienten und Krankheitsbilder gelten die nachfolgend angeführten Punkte:
- Patientencompliance
- Gleichzeitiges Vorliegen von systemischen Erkrankungen
- Patientenalter
- Gleichzeitig vorliegende systemische Gegebenheiten, welche mit der Wundheilung und der Gewebehämostase interferieren (Bestrahlung, Diabetes mellitus, chronische Nierenerkrankung, Lebererkrankung, Bluterkrankung, steroidale Therapie, Kontrazeptiva, Immunsuppression, Malnutrition)
- Gleichzeitig bestehende Verhaltensstörungen, psychologische, neurologische, psychiatrische Erkrankungen und Suchterkrankungen, welche mit dem chirurgischen Heilungsprozeß und dem Therapieerfolg interferieren
- Gleichzeitig vorliegende Parafunktionen und Habits (z. B. Bruxismus, Zungenbeißen, Fingerlutschen)

## 1.6 Komplikationen

In den Leitlinien werden die häufigsten Komplikationen aufgeführt. Extrem seltene Komplikationen sind nicht berücksichtigt.

## 1.7 Aufklärung

In Abhängigkeit vom Erkrankungsfall und den individuellen Risikofaktoren hat eine ausführliche Aufklärung des Patienten zu erfolgen. Dies sollte folgende Punkte mit einschließen:
- Notwendigkeit der Behandlung
- Prinzip der Behandlung
- Risikofaktoren der Behandlung
- Aufzeigen von alternativen Behandlungsmöglichkeiten

# 1 Allgemeine Diagnose- und Behandlungsgrundsätze

## 1.1 Therapieziele

Die Therapieziele müssen sich grundsätzlich auf medizinische und ethische Überlegungen stützen. Die nachfolgend angeführten Leitlinien berücksichtigen die Minimaltherapie. Das Therapieziel muß individuell und gemeinsam vom Behandler und dem Patienten festgelegt werden. Risikofaktoren und Komplikationen können die komplette Wiederherstellung beeinträchtigen.

## 1.2 Therapieindikationen

Die Therapieindikation muß die individuellen Belange des Patienten einbeziehen. Dabei sind medizinische Möglichkeiten, alternative Behandlungsmethoden unter Einbezug ethischer Gesichtspunkte, das soziale Umfeld des Patienten, die Anforderungen des Patienten und die Risikofaktoren gegeneinander abzuwägen. Die Indikation zur Therapie kann aus einem einzigen Grund oder beim Zusammentreffen mehrerer Faktoren gegeben sein.

## 1.3 Untersuchungen

Die Untersuchungen sind nach notwendigen und weiterführenden Untersuchungen unterteilt. Die notwendigen Untersuchungen stellen das minimale Anforderungsprofil dar, können im Einzelfall jedoch auch unterschritten werden. Eine Anamnese und eine klinische Untersuchung sind Bestandteil jeder Untersuchung. Weiterführende Untersuchungen, wie z. B. laborchemische oder interdisziplinäre Untersuchungen sind bei Verdacht auf Vorliegen von Allgemeinerkrankungen oder weiteren Erkrankungen durchzuführen.

## 1.4 Therapie

Die nachfolgend aufgeführten Therapieformen sind bewußt allgemein abgefaßt. Dabei wird grundsätzlich zwischen konservativen und operativen Maßnahmen unterschieden. Die Auswahl des günstigsten Therapieverfahrens hat der Arzt in Absprache mit dem Patienten nach bestem Wissen und Gewissen festzulegen. Grundsätzlich sollte die Therapie direkt auf das Therapieziel zuführen, wobei jedoch auch unterschiedliche Therapieverfahren zum gleichen

Ergebnis führen können. Bei allen offenen Verletzungen ist eine Abklärung des Tetanusschutzes und ggf. eine (Auffrischungs-) Impfung durchzuführen. In bestimmten Fällen kann eine Therapie ex juvantibus notwendig sein.

## 1.5 Risikofaktoren

In den Leitlinien wird auf die gängigsten Risikofaktoren verwiesen. Extrem seltene Risikofaktoren werden nicht genannt. Gemeinsam für alle Patienten und Krankheitsbilder gelten die nachfolgend angeführten Punkte:
- Patientencompliance
- Gleichzeitiges Vorliegen von systemischen Erkrankungen
- Patientenalter
- Gleichzeitig vorliegende systemische Gegebenheiten, welche mit der Wundheilung und der Gewebehämostase interferieren (Bestrahlung, Diabetes mellitus, chronische Nierenerkrankung, Lebererkrankung, Bluterkrankung, steroidale Therapie, Kontrazeptiva, Immunsuppression, Malnutrition)
- Gleichzeitig bestehende Verhaltensstörungen, psychologische, neurologische, psychiatrische Erkrankungen und Suchterkrankungen, welche mit dem chirurgischen Heilungsproze und dem Therapieerfolg interferieren
- Gleichzeitig vorliegende Parafunktionen und Habits (z. B. Bruxismus, Zungenbeißen, Fingerlutschen)

## 1.6 Komplikationen

In den Leitlinien werden die häufigsten Komplikationen aufgeführt. Extrem seltene Komplikationen sind nicht berücksichtigt.

## 1.7 Aufklärung

In Abhängigkeit vom Erkrankungsfall und den individuellen Risikofaktoren hat eine ausführliche Aufklärung des Patienten zu erfolgen. Dies sollte folgende Punkte mit einschließen:
- Notwendigkeit der Behandlung
- Prinzip der Behandlung
- Risikofaktoren der Behandlung
- Aufzeigen von alternativen Behandlungsmöglichkeiten

# 2 Dentoalveoläre Chirurgie

EINLEITUNG

Die dentoalveoläre Chirurgie beinhaltet chirurgische Eingriffe, welche die Zähne und die benachbarten Strukturen in der Mundhöhle betreffen. Dieser Abschnitt befaßt sich mit der Behandlung von odontogenen Infektionen, durchgebrochenen, nichtdurchgebrochenen und impaktierten Zähnen, Weisheitszähnen, apikalen Veränderungen sowie der Revision, der Reduktion und Behebung von Deformitäten und Defekten des dentoalveolären Komplexes.
Traumatische Verletzungen, pathologische Veränderungen, Osteomyelitis und rekonstruktive Maßnahmen, welche den dentoalveolären Komplex betreffen, sind jedoch nicht enthalten. Diese Themen werden in Kap. 3, 5 und 7 behandelt.
Allgemeine chirurgische Prinzipien sowie Kenntnis und Würdigung der medizinischen Literatur sind Voraussetzung für eine sinnvolle Interpretation und Anwendung der Leitlinien zur dentoalveolären Chirurgie.
In Zukunft wird es sicherlich weitere Fortschritte auf dem Gebiet der Biomaterialien, Diagnosetechniken und Behandlungsmodalitäten geben und jede davon wird sichtlichen Einfluß auf das Behandlungsprinzip und -ergebnis haben.

## 2.1 Weisheitszähne

DEFINITION

Unter Weisheitszähnen sind die Zähne 18, 28, 38 und 48 sowie die Zähne 19 und 29 zu verstehen. Ein nichtdurchgebrochener Weisheitszahn ist ein im Kiefer eingebetteter Zahn, der voraussichtlich in der Mitte der 3. Lebensdekade durchbrechen wird. Ein impaktierter Weisheitszahn ist so gelagert, daß er voraussichtlich nicht in der Mitte des 3. Lebensjahrzehntes durchbrechen wird und pathologische Verhältnisse mit lokaler, regionaler oder systemischer Konsequenz hervorrufen kann. Es ist medizinisch und chirurgisch erforderlich, diese bekannten Risiken zu begrenzen. Ein durchgebrochener Weisheitszahn ist so positioniert, daß die gesamte klinische Krone sichtbar ist, während bei einem teilweise durchgebrochenen Zahn nur ein Teil der klinischen Krone sichtbar ist. Ein nichtdurchgebrochener bzw. retinierter Zahn ist ein Zahn, der nicht durch den Knochen und die Weichgewebe durchgebrochen ist und nicht die Mundhöhle erreicht hat.

## Dentoalveoläre Chirurgie

**THERAPIEZIELE**

Das Ziel der Therapie besteht darin, potentielle Risiken präventiv auszuschalten bzw. Form und Funktion zu erhalten oder wiederherzustellen. Falls erforderlich, sollten impaktierte Weisheitszähne vor der kompletten Wurzelentwicklung entfernt werden.

**THERAPIEINDIKATIONEN**

Bei der Indikation zur Therapie muß zwischen teilweise durchgebrochenen und nichtdurchgebrochenen Weisheitszähnen unterschieden werden.
- Insuffiziente Platzverhältnisse für den Zahndurchbruch
- Ektope Position
- Impaktierter Zahn
- Schmerz
- Akute oder chronische Infektion (Dentitio difficilis)
- Pulpaexposition bei Zahnkaries
- Nichtrestaurierfähiger kariöser Zahn
- Nichtbehandelbare Pulpa
- Nichtbehandelbare periapikale Veränderung
- Pathologische Strukturen in Zusammenhang mit Zahnfollikeln (z. B. Zyste, Tumor)
- Abnormitäten der Zahngröße und -form
- Zur Vereinfachung der Behandlung und Begrenzung des Fortschreitens von parodontalen Erkrankungen
- Resorption bzw. Beeinträchtigung von benachbarten Zähnen
- Zähne, die bei der kieferorthopädischen und rekonstruktiven Chirurgie stören
- Zur Vereinfachung der kieferorthopädischen Zahnbewegungen
- Zur prothetischen Rehabilitation
- Zähne im Bruchspalt, die die Frakturbehandlung erschweren
- Zähne im Tumorgebiet
- Präventive oder prophylaktische Zahnentfernung bei Patienten, die medizinischen oder chirurgischen Behandlungen unterzogen werden (Organtransplantation, alloplastische Implantate, Chemotherapie, Radiatio)
- Frakturierter Zahn
- Als Transplantat
- Patient, der trotz Aufklärung eine nichtchirurgische Behandlung ablehnt

**UNTERSUCHUNGEN**

*Notwendige Untersuchungen*
- Inspektion
- Palpation
- Vitalitätsprobe der Nachbarzähne

- Sensibilitätsprüfung (N. lingualis und N. mentalis)
- Röntgen

*Weiterführende Untersuchungen*
- Röntgen in 2. Ebene
- Computertomographie bei kritischer Lagebeziehung des Zahnes zu umgebenden Strukturen

## THERAPIE

*Konservative Therapie*
- Lokale Maßnahmen bei akuten Entzündungen
- Antibiotikatherapie

*Operative Therapie*
- Chirurgische Entfernung
- Chirurgische Freilegung
- Chirurgische Repositionierung
- Replantation und Transplantation
- Chirurgische Parodontalbehandlung

## RISIKOFAKTOREN

- Eingeschränkte Mundöffnung
- Bestehende akute oder chronische Infektion
- Zahnankylose
- Zustand nach Bestrahlung des Kieferknochens

## KOMPLIKATIONEN

- Eröffnung der Kieferhöhlen
- Postoperative Schwellung
- Postoperative Infektion/Abszedierung
- Nachblutung
- Verletzung benachbarter anatomischer Strukturen (Zähne, Nerven, Weichgewebe)
- Unterkieferfraktur
- Tuberfraktur
- Tuberabriß

## EMPFEHLUNG

Im allgemeinen ist eine ambulante Behandlung ausreichend, wobei Ober- und Unterkiefer gleichzeitig saniert werden können. Auch eine stationäre Behandlung kann in bestimmten Fällen indiziert sein (z. B. bei zu erwartenden Komplikationen).

## 2.2 Retinierte oder impaktierte Zähne (außer Weisheitszähne)

**DEFINITION**

Unter retinierten Zähnen sind Zähne zu verstehen, die nicht ihre normale Position oder Funktion erreicht haben. Bei einem teilretinierten Zahn ist nur ein Teil der klinischen Krone sichtbar. Ein retinierter Zahn ist nicht durch den Knochen und die Weichgewebe durchgebrochen. Ein impaktierter Zahn kann aufgrund seiner Lage nicht seine normale Position und Funktion erreichen.

**THERAPIEZIELE**

Das Ziel der Therapie ist die Wiederherstellung von Form und Funktion bzw. die Vermeidung von pathologischen Verhältnissen mit lokaler, regionaler oder systemischer Konsequenz.

**THERAPIEINDIKATIONEN**

- Insuffiziente Platzverhältnisse beim Zahndurchbruch
- Ektope Position
- Impaktierter Zahn
- Schmerz
- Akute oder chronische Infektion (Dentitio difficilis)
- Pulpaexposition bei Zahnkaries
- Nichtrestaurierfähiger kariöser Zahn
- Nichtbehandelbare Pulpa
- Nichtbehandelbare periapikale Veränderung
- Pathologische Strukturen in Zusammenhang mit Zahnfollikeln (z. B. Zyste, Tumor)
- Abnormitäten der Zahngröße und -form
- Zur Vereinfachung der Behandlung und Begrenzung des Fortschreitens von parodontalen Erkrankungen
- Resorption bzw. Beeinträchtigung von benachbarten Zähnen
- Zähne, die bei der kieferorthopädischen und rekonstruktiven Chirurgie stören
- Zur Vereinfachung der kieferorthopädischen Zahnbewegungen
- Zur prothetischen Rehabilitation
- Zähne im Bruchspalt, die die Frakturbehandlung erschweren
- Zähne im Tumorgebiet
- Präventive oder prophylaktische Zahnentfernung bei Patienten, die medizinischen oder chirurgischen Behandlungen unterzogen werden (Organtransplantation, alloplastische Implantate, Chemotherapie, Radiatio)
- Frakturierter Zahn
- Als Transplantat
- Patient, der trotz Aufklärung eine nichtchirurgische Behandlung ablehnt

## UNTERSUCHUNGEN

*Notwendige Untersuchungen*
- Inspektion
- Palpation
- Vitalitätsprobe der Nachbarzähne
- Sensibilitätsprüfung (N. lingualis und N. mentalis)
- Röntgen

*Weiterführende Untersuchungen*
- Röntgen in 2. Ebene
- Computertomographie bei kritischer Lagebeziehung des Zahnes zu umgebenden Strukturen
- Modellanalyse

## THERAPIE

*Konservative Therapie*
- Lokale Maßnahmen bei akuten Entzündungen
- Antibiotikatherapie

*Operative Therapie*
- Chirurgische Entfernung
- Chirurgische Freilegung (z. B. mit Anbringung von Brackets zur Zahnregulierung)
- Chirurgische Repositionierung
- Replantation und Transplantation
- Chirurgische Parodontaltherapie

## RISIKOFAKTOREN

- Eingeschränkte Mundöffnung
- Bestehende akute oder chronische Infektion
- Zahnankylose
- Zustand nach Bestrahlung des Kieferknochens

## KOMPLIKATIONEN

- Eröffnung der Kieferhöhlen
- Postoperative Schwellung
- Postoperative Infektion/Abszedierung
- Nachblutung
- Verletzung benachbarter anatomischer Strukturen (Zähne, Nerven, Weichgewebe)
- Unterkieferfraktur

**EMPFEHLUNG**

Im allgemeinen ist eine ambulante Behandlung ausreichend, wobei Ober- und Unterkiefer gleichzeitig saniert werden können. Auch eine stationäre Behandlung kann in bestimmten Fällen indiziert sein (z. B. bei zu erwartenden Komplikationen).

## 2.3 Erkrankungen der durchgebrochenen Zähne

**DEFINITION**

Durchgebrochene Zähne können durch Erkrankung der Krone, der Wurzel oder des Zahnhalteapparates eine pathologische Situation mit mehr oder weniger starken Konsequenzen hervorrufen. Daneben spielen Fehlstellungen, Anomalien, Funktionsstörungen und therapeutische Beeinträchtigungen eine Rolle.

**THERAPIEZIELE**

Das Ziel der Therapie ist die Erhaltung bzw. Wiederherstellung von Form und Funktion. Daneben ist die Prävention von Bedeutung.
Neben der Beseitigung von Schmerzen und Infektionen sowie der Vermeidung von pathologischen Veränderungen steht bei der Therapie die Kaufunktion im Vordergrund. Eine Behandlung kann auch zur ästhetischen Verbesserung oder zur prothetischen Rehabilitation erforderlich werden. Ein weiterer Behandlungsgrund kann sich aus kieferorthopädischen Erwägungen z. B. zur Steuerung eines normalen Zahndurchbruches ergeben. Bei Patienten, die einer Bestrahlung im Kopf-Hals-Bereich oder einer Chemotherapie unterzogen werden, müssen gesunde Mundhöhlenverhältnisse geschaffen werden. Ein weiteres Ziel der therapeutischen Maßnahmen kann die Verbesserung der Wundheilung sein.

**THERAPIEINDIKATIONEN**

- Prävention von Verletzungen
- Patienten, bei denen eine adäquate endodontische oder parodontale Therapie nicht durchgeführt werden kann
- Insuffiziente Platzverhältnisse beim Zahndurchbruch
- Ektope Position
- Zahnfehlstellung
- Schmerz
- Akute oder chronische Infektion
- Klinische Pulpaexposition bei Zahnkaries
- Vitalitätsverlust
- Nichtrestaurierfähiger kariöser Zahn
- Nichtbehandelbare Pulpa

Erkrankungen der durchgebrochenen Zähne    9

- Nichtbehandelbare periapikale Veränderung
- Pathologische Strukturen in Zusammenhang mit Zahnfollikeln (z. B. Zyste, Tumor)
- Abnormitäten der Zahngröße und -form
- Irritation der Nachbargewebe (z. B. chronische Bißverletzungen)
- Zur Vereinfachung der Behandlung und Begrenzung des Fortschreitens von parodontalen Erkrankungen
- Resorption bzw. Beeinträchtigung von benachbarten Zähnen
- Zähne, die bei der kieferorthopädischen und rekonstruktiven Chirurgie stören
- Zur Vereinfachung von kieferorthopädischen Zahnbewegungen
- Zur prothetischen Rehabilitation
- Zähne im Bruchspalt, die die Frakturbehandlung erschweren
- Teilluxierte und/oder vollständig luxierte Zähne
- Zähne im Tumorgebiet
- Präventive oder prophylaktische Zahnentfernung bei Patienten, die medizinischen oder chirurgischen Behandlungen unterzogen werden (Organtransplantation, alloplastische Implantate, Chemotherapie, Radiatio)
- Frakturierter Zahn
- Als Transplantat
- Patient, der trotz Aufklärung eine nichtchirurgische Behandlung ablehnt

UNTERSUCHUNGEN

*Notwendige Untersuchungen*
- Inspektion
- Palpation
- Vitalitätsprobe
- Sensibilitätsprüfung (N. lingualis und N. mentalis)
- Röntgen

*Weiterführende Untersuchungen*
- Röntgen in 2. Ebene
- Computertomographie bei kritischer Lagebeziehung des Zahnes zu umgebenden Strukturen
- Parodontalstatus
- Modellanalyse
- Fernröntgenanalyse
- Funktionsanalyse

THERAPIE

*Konservative Therapie*
- Lokale Maßnahmen (Kariesexkavation, Füllung, lokale Medikamentenapplikation, Trepanation)

- Antibiotikatherapie
- Endodontische Therapie
- Parodontalbehandlung
- Einschleifen
- Aufbißschiene
- Schienenverband

*Operative Therapie*
- Inzision und Drainage zur Behandlung von akuten Infektionen
- Periradikuläre Chirurgie (z. B. Wurzelspitzenresektion, transdentale Fixation)
- Parodontale Chirurgie (mukogingivale Chirurgie, alveoläre ossäre Chirurgie, aufbauende Maßnahmen von Weich- und Hartgewebe, kronenverlängernde Maßnahmen, gesteuerte Geweberegeneration)
- Hemisektion von Zähnen
- Zahnextraktion (einfach, chirurgisch)
- Operative Revision
- Reposition
- Histologische Diagnosesicherung

**RISIKOFAKTOREN**

- Eingeschränkte Mundöffnung
- Zahnankylose
- Zustand nach Bestrahlung des Kieferknochens

**KOMPLIKATIONEN**

- Eröffnung der Kieferhöhlen
- Postoperative Schwellung
- Postoperative Infektion/Abszedierung
- Nachblutung
- Verletzung benachbarter anatomischer Strukturen (Zähne, Nerven, Weichgewebe)
- Unterkieferfraktur

**EMPFEHLUNG**

Im allgemeinen ist eine ambulante Behandlung ausreichend, wobei Ober- und Unterkiefer gleichzeitig saniert werden können. Auch eine stationäre Behandlung kann in bestimmten Fällen indiziert sein (z. B. bei zu erwartenden Risikofaktoren oder Komplikationen).

## 2.4 Odontogene Infektionen und Abszesse

**DEFINITION**

Odontogene Infektionen sind Entzündungen, die von den Zähnen oder vom Zahnhalteapparat ausgehen. Sie führen zu entzündlichen Veränderungen in der unmittelbaren Umgebung, die sich regional oder auf lymphohämatogenem Wege weiter ausbreiten können. Die häufigsten Erreger sind Streptokokken. Odontogene Infektionen können blande verlaufen, aber auch je nach Resistenzlage des Patienten und je nach Lokalisation der Entzündung zu lebensbedrohlichen Komplikationen führen.

**THERAPIEZIELE**

Das Ziel der Therapie ist die Wiederherstellung von Form und Funktion durch Beseitigung der Entzündung und Ausschaltung der Ursachen. Daneben stehen die Schmerzbeseitigung, die Reduzierung des Zeitraums der Behinderung, die Erhaltung vitaler Strukturen und die Vermeidung von Folgekomplikationen im Vordergrund.

**THERAPIEINDIKATIONEN**

- Schmerz
- Schwellung
- Erythem
- Weichteilinduration
- Lymphadenitis
- Fistelung
- Malazie
- Fieber
- Schwitzen
- Schüttelfrost
- Dyspnoe
- Dysphagie
- Funktionsstörungen (z. B. Kieferklemme)
- Sensibilitätsstörung
- Weichteilnekrose
- Karies
- Osteolyse
- Parodontaler Knochenabbau
- Periapikale Transluzenz
- Erweiterung des Parodontalraumes
- Lockerung der Zähne
- Wurzelrest
- Zyste

- Fremdkörper
- Zahnfraktur
- Blutbildveränderungen
- Erhöhte Blutsenkung
- Positiver mikrobiologischer Befund (Blut, Eiter)

**UNTERSUCHUNGEN**

*Notwendige Untersuchungen*
- Inspektion
- Palpation
- Vitalitätsprobe
- Sensibilitätsprüfung (N. lingualis und N. mentalis)
- Funktionsprüfung N. facialis (bei von extraoral zu eröffnenden Abszessen)
- Röntgen

*Weiterführende Untersuchungen*
- Röntgen in 2. Ebene
- Computertomographie und/oder Magnetresonanztomographie bei ausgeprägten Krankheitsbildern
- Laborchemische Untersuchung
- Mikrobiologische Untersuchung
- Histologische Untersuchung

**THERAPIE**

*Konservative Therapie*
- Lokale Maßnahmen (z. B. Spülungen, lokale Medikamentenapplikation, Trepanation)
- Systemische Maßnahmen (z. B. Antibiotika, Antiphlogistika, Antipyretika, Analgetika)
- Physikalische Maßnahmen

*Operative Therapie*
- Intra- und/oder extraorale Inzision und Drainage
- Beseitigung der Ursache (z. B. Extraktion des schuldigen Zahnes, Entfernung einer infizierten Zyste, Entfernung eines Fremdkörpers)
- Endodontische Chirurgie
- Parodontale Chirurgie
- Punktion
- Débridement
- Freihalten der Atemwege (ggf. Intubation oder Tracheotomie)
- Abstrich
- Operative Revision
- Probeexzision

**RISIKOFAKTOREN**

- Gefahr der Luftpassagebehinderung
- Virulenz der Erreger
- Antibiotikaresistenz der Erreger
- Patientenbegleitende systemische Erkrankungen (z. B. Blutgerinnungsstörung)
- Eingeschränkte Mundöffnung

**KOMPLIKATIONEN**

- Postoperative Schwellung
- Nachblutung
- Verletzung benachbarter anatomischer Strukturen (Zähne, Nerven, Weichgewebe)
- Narbenbildung

**EMPFEHLUNG**

Bei Infektionen und Abszessen, welche mit Schluck- und/oder Atembehinderung einhergehen, sowie bei Logenabszessen kann eine stationäre Behandlung indiziert sein.

## 2.5 Wurzelspitzenresektion

**DEFINITION**

Bei der Wurzelspitzenresektion wird ein hermetischer Wurzelkanalabschluß nach Kürzung der nicht sicher abfüllbaren Wurzelspitze angestrebt, um eine apikale Parodontitis oder Zyste zur Abheilung zu bringen. Dabei stellt die Wurzelspitzenresektion keinen Ersatz für eine exakte Wurzelkanalbehandlung dar.

**THERAPIEZIELE**

- Bakteriendichter Kanalabschluß am Resektionsquerschnitt mit möglichst biokompatiblem Wurzelfüllungsmaterial
- Ausheilen einer bestehenden pathologischen Veränderung im Bereich der ehemaligen Wurzelspitze (z. B. apikale Parodontitis, Zyste)
- Zahnerhalt

**THERAPIEINDIKATIONEN**

- Im Anschluß an eine dichte Wurzelfüllung, wenn die chronisch-apikale Parodontitis keine Rückbildungstendenz zeigt
- Nach einer unvollständigen Wurzelfüllung, falls diese nicht entfernt oder verbessert werden kann

- Apikale Parodontitis, welche wegen umfangreicher prothetischer Versorgung nicht von koronar revidiert werden kann
- Nach Wurzelfüllung mit überpreßtem Wurzelfüllungsmaterial
- Bei konservativ nicht durchführbarer Wurzelfüllung (z. B. Kanal ist nicht trocken zu legen)
- Fraktur eines Wurzelkanalinstrumentes in Apexnähe
- Via falsa in Apexnähe
- Zahnfrakturen im apikalen Wurzeldrittel
- Bei Freilegung von Wurzelspitzen im Rahmen chirurgischer Eingriffe (z. B. Zystenentfernung)

**UNTERSUCHUNGEN**

*Notwendige Untersuchungen*
- Inspektion
- Palpation
- Röntgen
- Sensibilitätsprüfung der Nachbarzähne
- Sensibilitätsprüfung N. mentalis

*Weiterführende Untersuchungen*
- Röntgen in 2. Ebene
- Laborchemische Untersuchungen bei Begleiterkrankungen

**THERAPIE**

*Konservative Therapie*
- Lokale Maßnahmen bei akuten Entzündungen (medikamentöse Einlage)
- Antibiotikatherapie
- Präoperative definitive Wurzelfüllung

*Operative Therapie*
- Chirurgische Wurzelspitzenresektion
- Orthograde Wurzelfüllung, intraoperativ
- Retrograde Wurzelfüllung, intraoperativ

**RISIKOFAKTOREN**

- Eingeschränkte Mundöffnung
- Zustand nach Bestrahlung des Kieferknochens

**KOMPLIKATIONEN**

- Eröffnung der Kieferhöhlen
- Postoperative Schwellung
- Postoperative Infektion/Abszedierung
- Nachblutung

- Verletzung benachbarter anatomischer Strukturen (Zähne, Nerven, Weichgewebe)

## 2.6 Knochen- und Weichgewebeveränderungen

**DEFINITION**

Unter Knochen- und/oder Weichgewebeveränderungen sind sowohl pathologische Veränderungen als auch sich für die prothetische Versorgung als ungünstig erweisende Bedingungen anzusehen. Defekte sind Volumendefizite, bezogen auf die normalerweise vorliegende anatomische Struktur. Durch die Veränderung kann auch die Funktion beeinträchtigt sein. Ferner können benachbarte Gewebestrukturen oder therapeutische Maßnahmen behindert oder beeinflußt werden.

**THERAPIEZIELE**

Das Ziel der Therapie ist die Wiederherstellung von Form und Funktion, wobei Risikofaktoren und potentielle Komplikationen einer vollständigen Wiederherstellung entgegenstehen können. Im Vordergrund der Therapie steht meist die prothetische Rehabilitation. Daneben kommt der mastikatorischen Funktion und der Sprache große Bedeutung zu. Nicht zuletzt sind die Beseitigung von Schmerzen und Infektionen sowie die Verbesserung des Erscheinungsbildes zu nennen.

**THERAPIEINDIKATIONEN**

- Knöcherne oder weichgewebige Deformität
- Knöcherner oder weichgewebiger Defekt
- Infektion
- Schmerzen
- Druckulzeration
- Sprachstörungen
- Kaufunktionsstörung
- Dysphagie
- Parodontale Erkrankungen
- Behinderung der prothetischen Rehabilitation
- Diastemabildung

**UNTERSUCHUNGEN**

*Notwendige Untersuchungen*
- Inspektion
- Palpation
- Vitalitätsprobe benachbarter Zähne

- Sensibilitätsprüfung (N. lingualis und N. mentalis)
- Röntgen
- Histologische Untersuchung

*Weiterführende Untersuchungen*
- Röntgen in 2. Ebene
- Computertomographie und/oder Magnetresonanztomographie bei unklarer Ausdehnung
- Ultraschall

## THERAPIE

*Konservative Therapie*
- Lokale Maßnahmen zur präoperativen Beseitigung von Entzündungen
- Antibiotikagabe/-prophylaxe bei komplizierten Fällen (z. B. bei Endokarditis)

*Operative Therapie*
- Abtragung bzw. modellierende Osteotomie
- Exzision bzw. Reduktion von Weichgewebe
- Frenotomie, Frenektomie und Frenoplastik
- Dekortikation
- Augmentation von Hartgeweben (gesteuerte Knochenregeneration, autogene und allogene Knochentransplantate, alloplastische Materialien)
- Rekonstruktion von Weichgeweben (Gingiva, Mukosa und Hauttransplantate)
- Vestibulumplastik
- Mundbodensenkung
- Alveolarkammplastik
- Gewebeexzision
- Mukogingivale Chirurgie
- Parodontale Chirurgie
- Histologische Sicherung

## RISIKOFAKTOREN

- Patientenbegleitende systemische Erkrankungen (z. B. Blutgerinnungsstörungen)
- Eingeschränkte Mundöffnung

## KOMPLIKATIONEN

- Postoperative Schwellung
- Postoperative Infektion/Abszedierung
- Nachblutung
- Verletzung benachbarter anatomischer Strukturen (Zähne, Nerven, Weichgewebe)
- Narbenbildung

**EMPFEHLUNG**

Im allgemeinen ist eine ambulante Behandlung ausreichend. Auch eine stationäre Behandlung kann in bestimmten Fällen indiziert sein.

## 2.7 Implantatversorgung

**DEFINITION**

Unter einer Implantatversorgung in der Mund,- Kiefer- und Gesichtschirurgie ist das Einbringen von Fixturen in den Knochen bei teilbezahnten oder zahnlosen Patienten zu verstehen. Implantate werden auch zur Fixierung und Stabilisierung von Epithesen zum Ersatz von fehlenden Gesichtspartien wie Nase, Augen und Ohrmuscheln verwendet. Die Wahl des Implantatsystems sowie des Implantationsortes und der Implantatanzahl muß auf die geplante prothetische oder epithetische Versorgung abgestimmt werden. Die prothetische Suprakonstruktur auf den Implantaten ermöglicht den Patienten eine Wiederherstellung der Kau-, Schluck- und Sprachfunktion sowie eine Verbesserung der Ästhetik. Außerdem bietet die Implantologie eine Alternative zum herausnehmbaren Zahnersatz. Hierdurch wird häufig die psychosoziale Rehabilitation erst ermöglicht bzw. eingeleitet. Die Entwicklung der Implantologie ist bis heute noch nicht abgeschlossen.

**THERAPIEZIELE**

- Einbringen eines stabilen funktionsfähigen Implantats zur Wiederherstellung von Form, Funktion und Ästhetik, welches den Zahnersatz und/oder die Prothese/Epithese trägt
- Verbesserung des Erscheinungsbildes/der Ästhetik
- Verbesserung der Kaufunktion
- Verbesserung der Sprache
- Erhalt der bestehenden anatomischen Strukturen (Verhinderung der Alveolarkammatrophie, Verhinderung eines okklusalen Traumas, Vermeidung von Fehlbelastungen)
- Verbesserung des sozialen und psychosozialen Befindens
- Verringerung und Beseitigung von Schmerzen
- Verbesserung von kieferorthopädischen Maßnahmen
- Verbesserung der Stabilität von Obturatoren

**THERAPIEINDIKATIONEN**

- Ungünstiges Prothesenlager
- Zahnloser Kiefer, Freiendlücken, Schaltlücken, Einzelzahnersatz
- Ausgeprägte Alveolarkammatrophie
- Hart- oder Weichteildefekte im Kiefer- und Gesichtsbereich

- Nichtanlage von Zähnen oder Hypodontie
- Zahnverlust und/oder Defekte infolge einer Tumorerkrankung oder eines Traumas (z. B. Oberkiefer, Unterkiefer, Nase, Orbita, Ohr)
- Mastikatorische Dysfunktion (teilweise oder vollständige Ober- und/oder Unterkiefermißbildung und/oder Kieferkammatrophie)
- Ästhetische Defekte
- Sprachstörungen
- Verhaltens- und/oder psychologische Störung
- Schmerzen (Nervenkompression, Weichgewebeirritation)
- Inadäquate Zahnverankerung
- Kraniofaziale Deformität
- Allergie gegen prothetische Materialien
- Insuffizienter Prothesenhalt
- Befestigung eines Obturators
- Verankerung von medizinischen Hilfsmitteln

**UNTERSUCHUNGEN**

*Notwendige Untersuchungen*
- Inspektion
- Palpation
- Sensibilitätsprüfung
- Röntgen
- Modell und Röntgenanalyse zur Erstellung einer Implantatschablone

*Weiterführende Untersuchungen*
- Röntgen in 2. Ebene
- Schleimhautdickenmessung
- Computertomographie
- 3-D-Computertomographie

**THERAPIE**

- Auswahl eines geeigneten Implantats
- Richtiger operativer Zugang
- Verhinderungen von hyperthermen Knochenschäden
- Richtige Implantatpositionierung (Winkel, Länge, Lokalisation)
- Primäre Implantatstabilität
- Augmentation mit autogenem, allogenem oder alloplastischem Material zur Verbesserung des Implantatlagers
- Sinuslift
- Ergänzende Maßnahmen (Neurolyse, Nervenverlagerung)
- Gesteuerte Knochenregeneration
- Weichgewebetransplantation
- Maxilläre, mandibuläre oder kraniomaxilläre Osteotomie

## RISIKOFAKTOREN

- Insuffiziente prothetische und/oder chirurgische Planung
- Faktoren, welche die Osteointegration des Implantats beeinflussen (Implantatmaterial, Implantatgeometrie, Implantatoberfläche, Knochenangebot)
- Neurologische Funktionsstörungen
- Neuromuskuläre Erkrankung
- Parafunktionelle Habits
- Schlechte Mundhygiene
- Starker Knochenabbau

## KOMPLIKATIONEN

- Nachblutung
- Verletzung benachbarter anatomischer Strukturen
- Schmerz
- Neuropathie oder Parästhesie
- Infektion (akut oder chronisch)
- Nasale Fistel oder Kieferhöhlenfistel
- Unterkieferfraktur
- Reaktive Gingivahyperplasie
- Narbenbildung
- Prothetisch nicht versorgbares Implantat
- Instabiles Implantat
- Implantatbruch
- Implantatverlust
- Verlust des transplantierten Materials (z. B. Knochen)

## EMPFEHLUNG

Im allgemeinen ist eine ambulante Behandlung ausreichend. Auch eine stationäre Behandlung kann in bestimmten Fällen indiziert sein.

# 3 Traumatologie

**EINLEITUNG**

Verletzungen auf dem Gebiet der Mund-, Kiefer- und Gesichtschirurgie können primär lebensbedrohlich sein oder in ihrem weiteren Verlauf lebensbedrohlich werden. Außerdem spielen ästhetische und funktionelle Komplikationen und Verletzungsfolgen häufig eine nicht zu unterschätzende Rolle. Hierzu gehören u. a. Störungen der Kaufunktion, der Schluckfunktion, der Atmung, des Geruchs- und Sehvermögens. Manche Patienten leiden posttraumatisch unter chronischen Schmerzen, welche eine vollständige psychosoziale Rehabilitation unmöglich machen. Prinzipiell ist die Behandlung von Frakturen auf dem Gebiet der Mund-, Kiefer- und Gesichtschirurgie ähnlich der Behandlung von sonstigen skelettalen Verletzungen. Hierzu gehören die Reposition, Immobilisation und Stabilisation der Fragmente, so daß eine ungestörte Knochenheilung stattfinden kann. Die erforderliche Zeit für die Heilung hängt u. a. vom Patientenalter und der Komplexität der Frakturen sowie der durchgeführten chirurgischen Maßnahmen ab. Trotz größter Sorgfalt bei der Diagnose und Behandlung können Komplikationen sowohl in funktioneller als auch in ästhetischer Hinsicht nicht immer verhindert werden.
Bei Verletzungen im Kindes- und Jugendalter müssen das Knochenwachstum und die Zahnentwicklung berücksichtigt werden. Dies macht häufig ein Abweichen von der üblichen Therapie Erwachsener erforderlich.

## 3.1 Zahntrauma

**DEFINITION**

Unter Zahnfrakturen versteht man Frakturen des Zahnes im Bereich der Zahnkrone und/oder der Zahnwurzel. Bei Frakturen der Zahnkrone unterscheidet man Frakturen im Schmelz von Frakturen mit Freilegung von Dentin und komplizierten Frakturen mit Eröffnung der Pulpa. Zahnwurzelfrakturen können das obere, mittlere oder das untere Wurzeldrittel betreffen. Bei der Zahnluxation unterscheidet man die inkomplette und die komplette Luxation mit oder ohne Dislokation des Zahnes aus seinem Zahnfach.

**THERAPIEZIELE**

Das Ziel der Therapie besteht darin, Form und Funktion (Ästhetik, Okklusion, Artikulation, Phonation) wiederherzustellen. Hierzu wird versucht, die Zahnstruktur sowie den Alveolarfortsatz zu erhalten. Daher sollte eine möglichst rasche, ggf. Sofortversorgung des Zahntraumas angestrebt werden. Bei der Primärversorgung wird darauf geachtet, die Schmerzen zu beseitigen sowie eine Infektion zu verhindern. Des weiteren wird versucht, den Folgen eines kompletten Zahnverlustes vorzubeugen.

**THERAPIEINDIKATIONEN**

- Klinischer Nachweis einer Zahnkronen- und/oder Zahnwurzelfraktur
- Röntgenologischer Nachweis einer Zahnkronen- und/oder Wurzelfraktur
- Inkomplette oder komplette Zahnluxation
- Okklusionsstörung
- Artikulationsstörung
- Zahnmobilität
- Perkussionsempfindlichkeit
- Thermische Hypersensibilität des Zahnes
- Verletzung der Gingiva
- Alveolarfortsatzfraktur
- Schmerz

**UNTERSUCHUNGEN**

*Notwendige Untersuchungen*
- Inspektion
- Palpation
- Vitalitätsprobe
- Röntgen

*Weiterführende Untersuchungen*
- Röntgen in 2. Ebene
- Abformung und Modellherstellung beider Kiefer zur Simulation der Reposition und ggf. zur Anfertigung einer individuellen Zahnschiene

**THERAPIE**

*Konservative Therapie*
- Abdeckung von freiliegendem Dentin zum Pulpaschutz
- Endodontische Therapie
- Beseitigung von scharfen Kanten
- Schmerztherapie
- Beobachtung und Schonung bei minimalem Zahntrauma
- Extrusionsbehandlung bei tief frakturierten Zähnen
- Gegebenenfalls Antibiotikatherapie

*Operative Therapie*
- Entfernung von kleinen Zahnfragmenten

- Schienung
- Replantation oder Reposition von luxierten oder teilluxierten Zähnen sowie Stabilisierung derselben
- Bei Frakturen im unteren Wurzeldrittel Wurzelspitzenresektion mit Entfernung des apikalen Fragmentes
- Extraktion in Fällen nichterhaltungswürdiger Zähne

**RISIKOFAKTOREN**

- Fehlende Informationen über die prätraumatische Zahnsituation (Zahnlokalisation, Zahnachsenneigung)
- Parodontale Defekte und/oder Knochendefekte
- Gleichzeitige Kieferfraktur oder Fraktur des Alveolarfortsatzes
- Weichgewebedefekt und/oder -verlust
- Unzureichende Blutversorgung von abgerissenen/verletzten Weichgewebeanteilen
- Grad der Protrusion/Intrusion/Retrusion der Schneidezähne
- Begleitende Lippenverletzung
- Richtung der Kaukrafteinwirkung
- Karies
- Endodontischer Zustand
- Prätraumatische prothetische Versorgung (Kronen und Brücken)
- Grad der Wurzelentwicklung
- Pulpaform
- Begleitverletzungen, welche die Versorgung der Zahnfrakturen verzögern (z. B. polytraumatisierte Patienten)
- Prätraumatische Knochenschädigung (metabolisch, Radiatio)

**KOMPLIKATIONEN**

- Ankylose
- Infektion
- Wurzelresorption (intern oder extern)
- Zahnverfärbung
- Pulpanekrose
- Vitalitätsverlust
- Chronische Schmerzen
- Okklusionsstörung
- Zahnverlust
- Parodontale Defekte
- Pulpitis
- Weichgewebeödem, Hämatom oder Hämorrhagie
- Weichgewebedefekt und/oder -verlust

**EMPFEHLUNG**

Im allgemeinen ist eine ambulante Behandlung ausreichend. Sind zahlreiche Zähne betroffen oder liegen Begleitverletzungen der Weichteile vor, so kann eine stationäre Behandlung indiziert sein.

## 3.2 Alveolarfortsatzfrakturen

**DEFINITION**

Unter Alveolarfortsatzfrakturen verstehen wir Frakturen des zahntragenden Anteils des Kieferknochens. Eine Alveolarfortsatzfraktur ist oftmals mit Luxation oder Teilluxation von Zähnen und/oder mit einer Fraktur des Kieferkörpers kombiniert.

**THERAPIEZIELE**

Das Ziel der Therapie ist der Erhalt von Form und Funktion des Alveolarfortsatzes. Überdies sollen Schmerzen beseitigt und Infektionen verhindert werden.

**THERAPIEINDIKATIONEN**

Bei der Indikation zur Therapie muß zwischen dislozierten und nichtdislozierten Alveolarfortsatzfrakturen unterschieden werden.
- Klinischer und/oder röntgenologischer Nachweis einer Alveolarfortsatzfraktur
- Kaufunktionsstörung
- Verletzung benachbarter Weichgewebe (Gingivaeinriß)
- Gefühlsstörung
- Fraktur oder Mobilität von Zähnen

**UNTERSUCHUNGEN**

*Notwendige Untersuchungen*
- Inspektion
- Palpation
- Vitalitätsprobe
- Sensibilitätsprüfung
- Röntgen

*Weiterführende Untersuchungen*
- Röntgen in 2. Ebene
- Computertomographie
- Abformung beider Kiefer mit Modellherstellung als Simulationsmodell zur Reposition und ggf. zur Herstellung individueller Schienen

## THERAPIE

*Konservative Therapie*
- Beobachtung bei Frakturen mit geringer Mobilität oder geringer Dislokation
- Flüssige oder weiche Kost in Abhängigkeit von der Frakturstabilität
- Ruhigstellung

*Operative Therapie*
Geschlossene Reposition
- Gering dislozierte Fraktur
- Medizinische oder ästhetische Kontraindikation für die offene Repositionierung

*Offene Reposition*
- Instabile Fraktur
- Falls eine geschlossene Reposition nicht möglich ist
- Komplexe Verletzungen mit begleitenden Weichteilverletzungen
- Defektfrakturen
- Gefühlsstörungen
- Fehlende Zähne (z. B. traumabedingt oder im Wechselgebiß)
- Falls eine genaue Positionierung der Frakturfragmente über eine Zahnschiene/Okklusion nicht möglich ist (z. B. Wechselgebiß)

## ERGÄNZENDE MASSNAHMEN

- Extraktion von Zähnen und/oder Anteilen des Alveolarfortsatzes falls die Gefäßversorgung nicht gewährleistet ist
- Schmerztherapie
- Gegebenenfalls Antibiotikatherapie

## RISIKOFAKTOREN

- Hämorrhagie
- Bestehende Okklusionsstörung oder fehlende Okklusion
- Zahnfrakturen
- Zahn im Frakturspalt
- Parodontale Erkrankung oder Infektion
- Größe der Fragmente
- Dislokation
- Insuffiziente Blutversorgung der Frakturfragmente und/oder begleitender Weichgewebeanteile
- Begleitende kraniofaziale Verletzungen
- Begleitverletzungen, welche die primäre Versorgung der Alveolarfortsatzfraktur nicht ermöglichen (z. B. polytraumatisierte Patienten)
- Zeitspanne bis zur Frakturversorgung
- Prätraumatische Knochenschädigung (metabolisch, Radiatio)

**KOMPLIKATIONEN**

- Zahnverlust
- Parodontale Defekte
- Devitalisierung von Zähnen
- Ausbleibende Frakturheilung
- Posttraumatische Gesichtsdeformität (skelettal oder weichgewebebedingt)
- Narbenbildung
- Funktionsstörung
- Okklusionsstörung
- Kaufunktionsstörung
- Dysphagie
- Sprachstörung
- Chronische Schmerzen
- Chronische Infektion (Osteomyelitis)
- Chronische neurologische Funktionsstörung
- Oroantrale oder oronasale Fistel
- Luftpassagebehinderung

**EMPFEHLUNG**

Eine ambulante Behandlung ist in Fällen mit geringem Infektionsrisiko und bei kleineren Alveorlarfortsatzfrakturen ausreichend. Umfangreiche Läsionen sollten stationär behandelt werden.

## 3.3 Unterkieferfrakturen

### 3.3.1 Unterkieferkörper- und aufsteigende Astfrakturen

**DEFINITION**

Als Unterkieferfrakturen werden Frakturen des Unterkieferkörpers bezeichnet. Frakturen des Alveolarfortsatzes sowie Frakturen des Collum mandibulae kommen häufig in Kombination mit Frakturen des Unterkieferkörpers vor.

**THERAPIEZIELE**

Das Ziel der Therapie besteht darin, Form und Funktion des Unterkiefers wiederherzustellen. Besonderer Wert wird auf die Wiederherstellung der Okklusion und der Funktion von motorischen und/oder sensiblen Nerven gelegt. Weiterhin sollen Infektionen vermieden, Schmerzen beseitigt und die Erkrankungsdauer verkürzt werden.

**THERAPIEINDIKATIONEN**

Bei der Indikation zur Therapie muß zwischen geschlossenen und offenen Frakturen (mit Zerreißung der Mundschleimhaut und/oder Zähnen im Bruchspalt) unterschieden werden. Offene Frakturen sollten zur Infektionsprophylaxe einer raschen Therapie zugeführt werden.
- Klinischer Hinweis auf eine Unterkieferfraktur
- Röntgenologischer Nachweis einer Unterkieferfraktur
- Okklusionsstörung
- Dysfunktion
- Sensorische und/oder motorische Nervenfunktionsstörung (N. alveolaris inferior, N. mentalis, N. lingualis, N. facialis)
- Mobile Frakturfragmente
- Kontinuitätsdefekt
- Fremdkörper
- Verletzung von Weichgeweben oder weiterer Knochenstrukturen
- Starke Blutung

**UNTERSUCHUNGEN**

*Notwendige Untersuchungen*
- Inspektion
- Palpation
- Vitalitätsprobe
- Sensibilitätsprüfung N. mentalis
- Funktionsprüfung N. facialis
- Röntgen in 2 Ebenen

*Weiterführende Untersuchungen*
- Computertomographie bei Mehrstückfrakturen
- Abformung und Modellherstellung beider Kiefer zur Simulation der Reposition mit Okklusionskontrolle und ggf. zur Anfertigung individueller Schienen

**THERAPIE**

Eine Unterkieferfraktur kann konservativ oder operativ versorgt werden. Die Wahl des Therapieverfahrens wird von folgenden Faktoren beeinflußt:
- Ein- oder Mehrstückfraktur
- Stabilität der Fraktur
- Notwendigkeit der Frühmobilisation (z. B. begleitende Collumfrakturen)
- Begleitende Verletzungen (z. B. Weichteilverletzungen), welche operativ versorgt werden müssen
- Kontinuitätsdefekte
- Alter des Patienten
- Compliance und Kooperation des Patienten

*Konservative Therapie*
- Verlaufsbeobachtung
- Diät entsprechend der Frakturstabilität (z. B. passierte oder flüssige Kost)
- Geschlossene Frakturrepositionierung
- Ruhigstellung (intermaxilläre Fixation)
- Funktionstherapie

*Operative Therapie*
- Operative Repositionierung
- Osteosynthese
- Fixateur externe

## ERGÄNZENDE MASSNAHMEN

- Schmerztherapie
- Wundreinigung
- Drainage von infizierten Wunden
- Gegebenenfalls Entfernung eines Zahnes im Bruchspalt
- Blutstillung
- Gegebenenfalls Antibiotikatherapie

## RISIKOFAKTOREN

- Weichgewebedefekt
- Verlust von Knochenstrukturen (z. B. Alveolarfortsatz)
- Grad der Frakturdislokation
- Luftpassagebehinderung
- Hämorrhagie
- Frakturanzahl (multiple Frakturen, Stückfrakturen)
- Fremdkörper
- Wundverschmutzung
- Gestörte Blutversorgung der Fragmente und bedeckender Weichgewebe
- Prätraumatisch bestehende Okklusionsstörung
- Zahnfrakturen
- Zahn im Bruchspalt
- Vorliegen einer Infektion
- Begleitende Verletzungen im Kiefer- und Gesichtsbereich
- Prätraumatische Kiefergelenkbeschwerden und/oder Kiefergelenkerkrankung
- Dauer bis zur Frakturversorgung
- Neigung zur Keloid- oder hypertrophen Narbenbildung
- Vorausgegangene Knochenschädigung (metabolisch, Radiatio)

## KOMPLIKATIONEN

- Pseudarthrose
- Gesichtsdeformität

- Skelettale Deformität
- Funktionsstörung (limitierte Schneidekantendistanz oder einseitig eingeschränkte Unterkieferexkursion)
- Okklusionsstörung und/oder Kaufunktionsstörung
- Sprachstörung und/oder Schluckstörung
- Luftpassagebehinderung
- Chronische Schmerzen
- Chronische Infektion
- Zahnverlust
- Vitalitätsverlust der Zähne
- Chronische neurologische Funktionsstörungen (motorisch und/oder sensibel)

**EMPFEHLUNG**

Meist muß die Behandlung stationär durchgeführt werden. Eine ambulante Behandlung ist selten indiziert.

### 3.3.2 Unterkiefergelenkfortsatzfrakturen

**DEFINITION**

Unter dem Unterkiefergelenkfortsatz versteht man den Anteil des Unterkiefers, der den Gelenkfortsatz bildet und von der Incisura semilunaris bis einschließlich zum Gelenkköpfchen reicht. Man unterscheidet eine tiefe, mittlere und hohe Gelenkfortsatzfraktur, sowie die Capitulumfraktur als intraartikuläre Fraktur des Gelenkköpfchens.

**THERAPIEZIELE**

Das Ziel der Therapie besteht darin, die Funktion des Unterkiefers mit einer korrekten Okklusion, Artikulation und Gelenkfunktion wiederherzustellen. In der Akutphase steht auch die Schmerzbeseitigung im Vordergrund.
- Wiederherstellung der Form und Funktion des Unterkiefers
- Vermeidung von Wachstumsstörungen bei Heranwachsenden und Kindern
- Vermeidung von akuten und/oder chronischen Kiefergelenkerkrankungen (Osteoarthritis, Diskusdislokation)
- Verhinderung einer Infektion
- Vermeidung einer Ankylose

**THERAPIEINDIKATIONEN**

- Klinischer und/oder röntgenologischer Nachweis einer Fraktur
- Okklusionsstörung
- Funktionsstörung
- Störung der Kieferrelation

- Verletzung des äußeren Gehörganges
- Liquorrhö aus dem äußeren Gehörgang
- Schmerz

## UNTERSUCHUNGEN

### Notwendige Untersuchungen
- Inspektion
- Palpation
- Röntgen in 2 Ebenen
- Sensibilitätsprüfung N. mentalis
- Funktionsprüfung N. facialis

### Weiterführende Untersuchungen
- Spezielle Röntgenuntersuchungen
- Computertomographie bei Mehrstückfrakturen oder starker Dislokation des Gelenkköpfchens
- Gegebenenfalls Magnetresonanztomographie bei Verdacht auf Zerstörung der Kiefergelenkweichteile (z. B. Kapsel, Diskus)
- Inspektion des äußeren Gehörganges bei Verdacht auf Gehörgangvorderwandläsion
- Abformung und Modellherstellung beider Kiefer zur Simulation der Reposition mit Okklusionskontrolle und der Möglichkeit der Anfertigung individueller Schienen

## THERAPIE

### Konservative Therapie
Eine konservative Frakturbehandlung ist indiziert:
- bei nichtdislozierter Fraktur, wenn die Form und Funktion auch ohne chirurgische Maßnahmen wiederhergestellt werden kann,
- beim heranwachsenden Kind (disloziert und nichtdisloziert),
- im Falle von medizinischen und/oder anästhesiologischen Kontraindikationen für eine operative Frakturversorgung.

Eine konservative Frakturbehandlung kann umfassen:
- Reposition
- Immobilisation durch intermaxilläre Fixation
- Frühmobilisation
- Eingliederung eines funktionskieferorthopädischen Gerätes
- Diät (flüssige oder weiche Kost)

### Operative Therapie
Eine operative Frakturversorgung ist indiziert bei:
- dislozierter Kondylusfraktur,
- mechanische Mundöffnungsbehinderung durch die Fraktur oder einen unfallbedingten Fremdkörper,

- Kondylusfraktur mit Verlust der anterior-posterior und vertikalen Relation des Unterkiefers, bei der eine konservative Frakturbehandlung erfahrungsgemäß keine Restitutio ad integrum erbringt (multiple Gesichtsschädelfrakturen),
- Dislokation des approximalen Fragmentes aus der Gelenkpfanne,
- Kontraindikation für eine intermaxilläre Fixation/Schienung.

Eine operative Frakturversorung kann umfassen:
- offene Reposition
- Osteosynthese

### ERGÄNZENDE MASSNAHMEN

- Schmerzbehandlung
- Drainage von kontaminierten Wunden
- Gegebenenfalls Antibiotikatherapie

### RISIKOFAKTOREN

- Weichgewebedefekt
- Grad der Dislokation
- Luftpassagebehinderung
- Hämorrhagie
- Frakturanzahl (multiple Frakturen, Stückfrakturen)
- Fremdkörper
- Wundverschmutzung
- Gestörte Blutversorgung der Fragmente und bedeckender Weichgewebe
- Prätraumatisch bestehende Okklusionsstörung
- Vorliegen einer Infektion
- Begleitende Verletzungen im Kiefer- und Gesichtsbereich
- Prätraumatische Kiefergelenkbeschwerden und/oder Kiefergelenkerkrankung
- Dauer bis zur Frakturversorgung
- Neigung zur Keloid- oder hypertrophen Narbenbildung
- Prätraumatische Knochenschädigung (metabolisch, Radiatio)

### KOMPLIKATIONEN

- Ankylose
- Pseudarthrose
- Arthrose
- Form- und Lageveränderung des Diskus
- Gesichtsdeformität
- Skelettale Deformität
- Funktionsstörung (limitierte Schneidekantendistanz oder Unterkieferexkursion)

- Okklusionsstörung und/oder Kaufunktionsstörung
- Sprachstörung und/oder Schluckstörung
- Luftpassagebehinderung
- Chronische Schmerzen
- Chronische Infektion
- Chronische neurologische Funktionsstörungen (motorisch und/oder sensorisch)

**EMPFEHLUNG**

Die Entscheidung, ob eine stationäre oder ambulante Behandlung indiziert ist, muß individuell getroffen werden.

### 3.4 Zentrale Mittelgesichtsfrakturen

**DEFINITION**

Bei den Oberkieferfrakturen und zentralen Mittelgesichtsfrakturen unterscheidet man die LeFort-I-Fraktur mit Frakturverlauf oberhalb des Nasen- und Kieferhöhlenbodens von der LeFort-II-Fraktur mit Frakturverlauf durch die Kieferhöhle und den Orbitaboden mit und ohne Einbeziehung der knöchernen Nase. Die LeFort-III-Fraktur gilt als sog. zentrolaterale Fraktur und wird im Kap. 3.6 behandelt. Bei ihr handelt es sich um die Absprengung des gesamten Gesichtsschädels. Es sind Kombinationen dieser Frakturverläufe sowie Mehrstückfrakturen möglich.

**THERAPIEZIELE**

- Wiederherstellung und Erhalt der Knochenstruktur
- Wiederherstellung der Gesichtsform
- Wiederherstellung der Kau-, Sprach- und Schluckfunktion
- Wiederherstellung der Atmung
- Wiederherstellung der Funktion der Nasennebenhöhlen
- Wiederherstellung der Form und Funktion der Nase
- Wiederherstellung der Form und Funktion der Orbita
- Erhalt und Wiederherstellung der Funktion der motorischen und sensiblen Nerven
- Erhalt der Zähne
- Schmerzbeseitigung
- Verhinderung einer Infektion

**THERAPIEINDIKATIONEN**

- Klinischer und/oder röntgenologischer Nachweis einer Fraktur des Oberkiefers

- Okklusionsstörung
- Artikulationsstörung
- Funktionsstörung (Kau-, Sprach- und Schluckfunktion, Atmung)
- Störung der Kieferrelation (z. B. Pseudoprogenie)
- Störung der Sensibilität
- Kontinuitätsdefekt
- Fremdkörper
- Begleitende Weichteilverletzungen
- Rhinoliquorrhö
- Periorbitale Echymosis
- Emphysem
- Subkonjunktivale Hämorrhagie
- Augenfunktionsstörung, Motilitätsstörung (z. B. Doppelbilder)
- Störung des nasofrontalen Komplexes
- Blutung

## UNTERSUCHUNGEN

*Notwendige Untersuchungen*
- Inspektion
- Palpation
- Vitalitätsprobe
- Sensibilitätsprüfung N. infraorbitalis
- Funktionsprüfung N. facialis
- Röntgen in 2 Ebenen

*Weiterführende Untersuchungen*
- Spezielle Röntgenaufnahmen
- Computertomographie
- Abformung und Modellherstellung beider Kiefer zur Kontrolle der ursprünglichen Okklusion, ggf. zur Anfertigung individueller Schienen
- Augenärztliche und/oder HNO-ärztliche Zusatzuntersuchungen

## THERAPIE

*Konservative Therapie*
Eine konservative Frakturversorgung ist angezeigt bei unkomplizierten nichtdislozierten Frakturen, bei denen eine Frakturstabilisierung ohne operativen Eingriff mit konservativen Techniken zu erreichen ist. Außerdem kann dies bei Vorliegen einer medizinischen und/oder anästhesiologischen Kontraindikation gegen eine operative Frakturversorgung der Fall sein. Die konservative Frakturversorgung kann umfassen:
- Verlaufsbeobachtung bei fehlender Dislokation und Mobilität der Fraktur
- Intermaxilläre Fixation
- Abschwellende Maßnahmen
- Diät (weiche Kost)

*Operative Therapie*
Die chirurgische Frakturversorgung ist immer bei dislozierten Frakturen und Mobilität der Fragmente anzustreben. Sie kann folgende Maßnahmen umfassen:
- Reposition
- Intermaxilläre Fixation
- Osteosynthese
- Aufhängung (Jochbogen, kraniofazial)

### ERGÄNZENDE MASSNAHMEN

- Schmerztherapie
- Drainage bei kontaminierten Wunden
- Gegebenenfalls Antibiotikatherapie

### RISIKOFAKTOREN

- Weichgewebedefekt
- Verlust von Knochenstrukturen (z. B. Alveolarfortsatz)
- Grad der Frakturdislokation
- Luftpassagebehinderung
- Hämorrhagie
- Frakturanzahl (multiple Frakturen, Stückfrakturen)
- Fremdkörper
- Wundverschmutzung
- Gestörte Blutversorgung der Fragmente und bedeckender Weichgewebe
- Prätraumatisch bestehende Okklusionsstörung
- Zahnfrakturen
- Zahn im Bruchspalt
- Vorliegen einer Infektion
- Begleitende Verletzungen im Kiefer- und Gesichtsbereich
- Dauer bis zur Frakturversorgung
- Neigung zur Keloid- oder hypertrophen Narbenbildung
- Prätraumatische Knochenschädigung (metabolisch, Radiatio)

### KOMPLIKATIONEN

- Pseudarthrose
- Gesichtsdeformität
- Skelettale Deformität/Pseudarthrose
- Funktionsstörung (limitierte Schneidekantendistanz oder Unterkieferexkursion)
- Okklusionsstörung und/oder Kaufunktionsstörung
- Sprachstörung und/oder Schluckstörung
- Luftpassagebehinderung

- Chronische Schmerzen
- Chronische Infektion
- Zahnverlust
- Vitalitätsverlust der Zähne
- Chronische neurologische Funktionsstörungen (motorisch und/oder sensorisch)
- Dysphagie
- Dysphonie
- Chronische oroantrale und/oder oronasale Fistel
- Augenmotilitätsstörung
- Chronische Sinusitis
- Anosmie

**EMPFEHLUNG**

Zentrale Mittelgesichtsfrakturen bedürfen überwiegend der stationären Therapie. Die ambulante Behandlung ist nur in Ausnahmefällen indiziert. Bei fachübergreifenden Verletzungen sind die entsprechenden Fachdisziplinen in die Behandlungsplanung und Behandlung miteinzubeziehen.

## 3.5 Laterale Mittelgesichtsfrakturen

**DEFINITION**

Unter lateralen Mittelgesichtsfrakturen versteht man Frakturen, die den Jochbeinkörper und/oder den Jochbogen betreffen. Bei Frakturen des Jochbeinkörpers ist die Orbita mitbeteiligt, so daß insbesondere die Funktion des Auges und des N. infraorbitalis beachtet werden muß.

**THERAPIEZIELE**

Neben der Wiederherstellung der Gesichtsform und der Unterkieferfunktion steht die Wiederherstellung der sensiblen Nerven (N. infraorbitalis) und insbesondere der Augenfunktion im Vordergrund. Bei der Primärversorgung sollte ein Enophthalmus korrigiert bzw. verhindert werden.

**THERAPIEINDIKATIONEN**

- Klinischer und/oder röntgenologischer Nachweis einer Fraktur
- Sensible und/oder motorische Funktionsstörungen
- Unterkieferfunktionsstörung
- Augenmotilitätsstörung (Doppelbilder)
- Gesichtsdeformität
- Subkutanes Emphysem

## UNTERSUCHUNGEN

*Notwendige Untersuchungen*
- Inspektion
- Palpation
- Sensibilitätsprüfung (N. infraorbitalis)
- Röntgen in 2 Ebenen

*Weiterführende Untersuchungen*
- Computertomographie
- Augenärztliche Untersuchung

## THERAPIE

*Konservative Therapie*
- Verlaufsbeobachtung bei diskreter Dislokation der Fraktur
- Abschwellende Maßnahmen
- Gegebenenfalls Diät (weiche Kost)

*Operative Therapie*
Die chirurgische Frakturversorgung ist immer bei dislozierten Frakturen, Funktionseinschränkung des Auges und/oder Sensibilitätsstörung anzustreben. Sie kann folgende Maßnahmen umfassen:
- Hackenreposition
- Drahtosteosynthese
- Miniplattenosteosynthese
- Orbitabodenrekonstruktion

## ERGÄNZENDE MASSNAHMEN

- Schmerztherapie
- Drainage bei kontaminierten Wunden
- Gegebenenfalls Antibiotikatherapie

## RISIKOFAKTOREN

- Weichgewebedefekt
- Verlust von Knochenstrukturen
- Grad der Frakturdislokation
- Hämorrhagie
- Stück- und/oder Trümmerfrakturen
- Fremdkörper
- Wundverschmutzung
- Gestörte Blutversorgung der Fragmente und bedeckender Weichgewebe
- Vorliegen einer Infektion
- Begleitende Verletzungen im Kiefer- und Gesichtsbereich
- Dauer bis zur Frakturversorgung

- Neigung zur Keloid- und/oder hypertrophen Narbenbildung
- Prätraumatische Knochenschädigung (metabolisch, Radiatio)

**KOMPLIKATIONEN**

- Augenmotilitätsstörung
- Amaurose
- Bulbusdislokation
- Pseudarthrose
- Gesichtsdeformität
- Skelettale Deformität/Pseudarthrose
- Funktionsstörung (limitierte Schneidekantendistanz oder Unterkieferexkursion)
- Okklusionsstörung und/oder Kaufunktionsstörung
- Chronische Schmerzen
- Chronische Infektion
- Chronische neurologische Funktionsstörungen (motorisch und/oder sensorisch)

**EMPFEHLUNG**

Eine konservative Frakturversorgung kann ambulant durchgeführt werden. Eine operative Frakturversorgung wird meist unter stationären Bedingungen durchgeführt.

## 3.6 Zentrolaterale Mittelgesichtsfrakturen

**DEFINITION**

Das Mittelgesicht umfaßt das Viszerokranium mit Ausnahme des Unterkiefers. Kennzeichnend für seinen Aufbau ist ein Hohlraumsystem, das durch drei Knochentrajektorien gegen die Schädelbasis abgestützt wird. Das am weitesten medial gelegene Trajektorium verläuft über die laterale Wand der Apertura piriformis nach kranial, das mittlere zieht über den ersten Molaren über das Jochbein zur Sutura frontozygomatica, das laterale bzw. posteriore verläuft an der Grenze von Maxilla und Os sphenoidale bzw. pterygoideum vom zweiten und dritten Molaren nach kranial.
Die LeFort-III-Fraktur wird als sog. zentrolaterale Fraktur bezeichnet. Bei ihr verläuft die Bruchlinie durch die Jochbögen, die laterale Orbitawand und die Rhinobasis. Es sind Kombinationen mit anderen Frakturverläufen sowie Mehrstückfrakturen möglich. Man kann eine kraniofaziale Absprengung (basale, pyramidale oder hohe Absprengung) von nichtklassifizierbaren Frakturen (Trümmerfrakturen, Defektfrakturen) unterscheiden.

**THERAPIEZIELE**

- Schmerzbeseitigung
- Wiederherstellung der Okklusion
- Wiederherstellung der Artikulation
- Wiederherstellung der Kontinuität der Mittelgesichtspfeiler
- Repositionierung und Fixation von dislozierten Knochenfragmenten
- Wiederherstellung der Gesichtsform
- Wiederherstellung der Kaufunktion
- Wiederherstellung der Funktion der Nasennebenhöhlen
- Wiederherstellung der Form und Funktion der Orbita
- Beseitigung von Augenmotilitätsstörungen
- Wiederherstellung der Form und Funktion des Ductus nasolacrimalis
- Wiederherstellung der Funktion der Nase
- Erhalt und Wiederherstellung der Funktion der motorischen und sensiblen Nerven
- Erhalt der Zähne und knöcherner Strukturen

**THERAPIEINDIKATIONEN**

- Klinischer und/oder röntgenologischer Nachweis einer Fraktur
- Epistaxis
- Periorbitale Einblutung/Hämatom
- Telekanthus
- Liquorfistel/Liquorrhö
- Augenmotilitätsstörungen und/oder Funktionsstörungen (z. B. Diplopie, Dystrophie)
- Septumhämatom und/oder Septumdeviation mit Luftpassagebehinderung
- Anosmie
- Sensorische und/oder motorische Nervenfunktionsstörung
- Fremdkörper
- Verletzung von benachbarten Weichgewebestrukturen
- Subkutanes Emphysem
- Funktionsstörung des Ductus nasolacrimalis
- Abfluß-/Drainagebehinderung des Sinus frontalis

**UNTERSUCHUNGEN**

*Notwendige Untersuchungen*
- Inspektion
- Palpation
- Sensibilitätsprüfung N. infraorbitalis und N. supraorbitalis
- Röntgen in 2 Ebenen
- Kontrolle der Augenfunktion

*Weiterführende Untersuchungen*
- Augenärztliche Untersuchung
- Computertomographie
- Laborchemische Untersuchungen (z. B. Glukosetest des Nasensekrets bei Verdacht auf Liquorrhö)
- Gegebenenfalls neurologische Untersuchung

## THERAPIE

*Konservative Therapie*
Eine ausschließlich konservative Therapie kann nur in Fällen angewandt werden, bei denen keine oder nur eine unwesentliche Dislokation an den Gesichtspfeilern besteht.
- Verlaufsbeobachtung bei diskreter Dislokation der Fraktur
- Abschwellende Maßnahmen

*Operative Therapie*
Die chirurgische Frakturversorgung ist immer bei dislozierten Frakturen und/oder entsprechenden Funktionsstörungen anzustreben.
- Drahtosteosynthese
- Miniplattenosteosynthese
- Kraniofaziale Aufhängung
- Intermaxilläre Fixation
- Orbitabodenrekonstruktion
- Dakryzystorhinotomie bei Verletzungen des Ductus nasolacrimalis
- Reattachment und Reparatur des Lidbandes

## ERGÄNZENDE MASSNAHMEN

- Schmerzmedikation
- Drainage bei kontaminierten Wunden
- Gegebenenfalls Antibiotikatherapie

## RISIKOFAKTOREN

- Weichgewebedefekt
- Verlust von Knochenstrukturen
- Grad der Frakturdislokation
- Luftpassagebehinderung
- Hämorrhagie
- Stück- und/oder Trümmerfrakturen
- Fremdkörper
- Wundverschmutzung
- Gestörte Blutversorgung der Fragmente und bedeckender Weichgewebe
- Prätraumatisch bestehende Okklusionsstörung
- Infektion

- Begleitende Verletzungen im Kiefer- und Gesichtsbereich
- Dauer bis zur Frakturversorgung
- Neigung zur Keloid- oder hypertrophen Narbenbildung
- Angeborene kraniofaziale Deformität
- Prätraumatische Knochenschädigung (metabolisch, Radiatio)

**KOMPLIKATIONEN**

- Pseudarthrose
- Gesichtsdeformität
- Skelettale Deformität
- Okklusionsstörung und/oder Kaustörung
- Enophthalmus
- Exophthalmus
- Augenmotilitätsstörung
- Amaurose
- Bulbusdislokation
- Luftpassagebehinderung
- Störung der Pneumatisation der Nasennebenhöhlen
- Funktionsstörung des Ductus nasolacrimalis
- Septumhämatom
- Chronische Schmerzen
- Chronische Infektion
- Chronische neurologische Funktionsstörungen (motorisch und/oder sensorisch)
- Chronische oroantrale und/oder oronasale Fistel
- Meningitis, Meningoenzephalitis

**EMPFEHLUNG**

Zentrolaterale Mittelgesichtsfrakturen bedürfen überwiegend der stationären Therapie. Die ambulante Behandlung ist nur in Ausnahmefällen indiziert. Bei fachübergreifenden Verletzungen sind die entsprechenden Fachdisziplinen in die Behandlungsplanung und Behandlung miteinzubeziehen.

## 3.7 Orbitabodenfrakturen

**DEFINITION**

Unter Orbitafrakturen verstehen wir Frakturen des Orbitatrichters, bei denen es zur traumatischen Einklemmung von Weichgewebe und/oder des N. infra- und supraorbitalis kommen kann. Orbitafrakturen können isoliert (Blow-out-Frakturen) oder in Kombination mit Mittelgesichtsfrakturen auftreten.

**THERAPIEZIELE**

Wichtigstes Ziel ist die Wiederherstellung der Augenfunktion, sowohl der Motilität als auch der Sehkraft. Ein Enophthalmus sollte vermieden bzw. korrigiert werden. Weitere Schwerpunkte sind die Wiederherstellung der Nervenfunktionen, Erhalt oder Rekonstruktion der Nasennebenhöhlen sowie die Wiederherstellung der Orbitaform. Der Ductus nasolacrimalis sollte geschont bzw. wiederhergestellt werden.

**THERAPIEINDIKATIONEN**

- Klinischer und/oder röntgenologischer Nachweis einer Fraktur
- Augenmotilitätsstörung
- Enophthalmus
- Lidemphysem
- Sensibilitätsstörung des N. infra- und/oder supraorbitalis
- Doppelbilder
- Visuseinschränkung

**UNTERSUCHUNGEN**

*Notwendige Untersuchungen*
- Inspektion
- Palpation
- Sensibilitätsprüfung (N. infra- und supraorbitalis)
- Röntgen in 2 Ebenen
- Überprüfung der Augenfunktion

*Weiterführende Untersuchungen*
- Computertomographie
- Magnetresonanztomographie
- Gegebenenfalls augenärztliche Untersuchung

**THERAPIE**

*Konservative Therapie*
- Beobachtung bei gering dislozierten Frakturen ohne Einschränkung der Augenmotilität und ohne Einschränkung der Sensibilität des N. infraorbitalis

*Operative Therapie*
- Rekonstruktion der Orbita
- Stabilisation der Fragmente (Osteosynthese)
- Dekompression des N. infraorbitalis
- Rekonstruktion des Ductus nasolacrimalis
- Beseitigung einer Funktionsbehinderung des Auges
- Reposition prolabierter Weichgewebe
- Rekonstruktion des Orbitaboden, ggf. mit Implantation von alloplastischem Material

**ERGÄNZENDE MASSNAHMEN**

- Schmerztherapie
- Abschwellende Maßnahmen
- Schneuzverbot
- Gegebenenfalls Antibiotikatherapie

**RISIKOFAKTOREN**

- Weichgewebedefekt
- Verlust von Knochenstrukturen
- Grad der Frakturdislokation
- Hämorrhagie
- Stück- und/oder Trümmerfrakturen
- Fremdkörper
- Schwellung
- Wundverschmutzung
- Gestörte Blutversorgung der Fragmente und bedeckender Weichgewebe
- Vorliegen einer Infektion
- Begleitende Verletzungen im Kiefer- und Gesichtsbereich
- Dauer bis zur Frakturversorgung
- Neigung zur Keloid- oder hypertrophen Narbenbildung
- Verletzung des Ductus nasolacrimalis
- Angeborene kraniofaziale Deformität
- Prätraumatische Knochenschädigung (metabolisch, Radiatio)

**KOMPLIKATIONEN**

- Pseudarthrose
- Gesichtsdeformität
- Skelettale Deformität
- Enophthalmus
- Exophthalmus
- Augenmotilitätsstörung
- Amaurose
- Doppelbilder
- Bulbusdislokation
- Funktionsstörung des Ductus nasolacrimalis
- Chronische Schmerzen
- Chronische Infektion
- Chronische neurologische Funktionsstörungen (motorisch und/oder sensibel)
- Störung der Pneumatisation der Nasennebenhöhlen
- Verlust oder Dislokation von alloplastischem Implantationsmaterial
- Asymmetrisches Schädel-Orbita-Wachstumsverhalten bei Kindern

**EMPFEHLUNG**

Die Therapie wird in der Regel stationär durchgeführt, wobei insbesondere auf die engmaschige Kontrolle der Augenfunktion Wert gelegt wird.

## 3.8 Nasenbeinfrakturen

**DEFINITION**

Nasenbeinfrakturen zählen zu den häufigsten Frakturen im Mittelgesichtsbereich. Sie entstehen meist durch stumpfe Gewalt (z. B. Schlag, Fall), welche die Nase von vorne oder von der Seite trifft. Je nach Intensität der einwirkenden Kraft bricht das knorpelige und/oder knöcherne Nasengerüst. Wirken größere Belastungsenergien ein, kommt es neben dem Bruch des knöchernen Nasenskelettes (Os nasale) auch zur Fraktur der Fortsätze der Maxilla, welche an der Bildung der knöchernen Nase beteiligt sind. Das Nasenseptum ist immer in die Fraktur miteinbezogen.

**THERAPIEZIELE**

Das Therapieziel besteht in der Wiederherstellung von Form und Funktion der Nase sowie der paranasalen Strukturen. Durch schnelles Eingreifen wird einer möglichen Infektion vorgebeugt und die Erkrankungsdauer insgesamt verkürzt.

**THERAPIEINDIKATIONEN**

- Klinischer und/oder röntgenologischer Nachweis einer dislozierten Fraktur im Bereich der knöchernen Nase und/oder des Septums
- Septumhämatom
- Septumdeviation
- Nasale Luftpassagebehinderung
- Anosmie
- Fremdkörper
- Funktionsstörung des Ductus nasolacrimalis
- Funktionsstörung der Drainage des Sinus frontalis
- Epistaxis

**UNTERSUCHUNGEN**

*Notwendige Untersuchungen*
- Inspektion
- Palpation
- Röntgen

*Weiterführende Untersuchungen*
- Computertomographie
- Liquortest

## THERAPIE

*Konservative Therapie*
- Geschlossene und nichtdislozierte Frakturen der Nase bedürfen keiner besonderen Therapie
- Gegebenenfalls Nasenstützverband

*Operative Therapie*
*Geschlossene Reposition*
Eine geschlossene Reposition ist angezeigt bei dislozierten Frakturen, ferner bei einem Splitterbruch sowie medizinischer Kontraindikation gegen eine offene Reposition.

*Offene Reposition*
Die offene Reposition der Nasenbein-/Septumfraktur ist indiziert bei:
- Frakturen, welche geschlossen nicht reponiert werden können,
- Durchspießung von Knochenfragmenten oder perforierenden Weichteilverletzungen,
- Frakturen, welche eine sofortige Rekonstruktion mit Knochentransplantation erfordern,
- gleichzeitig vorliegenden Begleitverletzungen des Gesichts und/oder Neurokraniums, bei denen der operative Zugang mit genutzt werden kann.

## ERGÄNZENDE MASSNAHMEN

- Schmerztherapie
- Schneuzverbot
- Schienung (innere, äußere)
- Blutstillende Tamponade
- Gegebenenfalls Antibiotikatherapie

## RISIKOFAKTOREN

- Weichgewebedefekt
- Verlust von Knochenstrukturen
- Grad der Frakturdislokation
- Hämorrhagie
- Hämatom
- Stück- oder Trümmerfrakturen
- Fremdkörper
- Wundverschmutzung
- Gestörte Blutversorgung der Fragmente und bedeckender Weichgewebe

- Vorliegen einer Infektion
- Begleitende Verletzungen im Kiefer- und Gesichtsbereich
- Dauer bis zur Frakturversorgung
- Neigung zur Keloid- oder hypertrophen Narbenbildung
- Verletzung des Ductus nasolacrimalis
- Angeborene kraniofaziale Deformität
- Prätraumatische Knochenschädigung (metabolisch, Radiatio)

KOMPLIKATIONEN

- Pseudarthrose
- persistierende Deformität
- Skelettale Deformität
- Weichgewebedeformität
- Chronische Schmerzen
- Chronische Infektion
- Störung der Pneumatisation der Nasennebenhöhlen
- Funktionsstörung des Ductus nasolacrimalis
- Septumhämatom
- Wundheilungsstörung
- Epistaxis
- Luftpassagebehinderung
- Anosmie

EMPFEHLUNG

Je nach Grad der Verletzung muß zwischen ambulanter und stationärer Therapie unterschieden werden.

## 3.9 Stirn- und Sinus-frontalis-Verletzungen

DEFINITION

Während bei Traumata mit geringer Gewalt die Weichteilverletzungen im Vordergrund stehen, kann es bei punktueller Gewalteinwirkung auf das Os frontale auch zu Impressionsfrakturen und ggf. offenen Sinus-frontalis-Frakturen kommen. In der Literatur ist eine hohe Inzidenz von Mitverletzungen bei schweren Mittelgesichtsfrakturen beschrieben.

THERAPIEZIELF

- Wiederherstellung der Gesichtsform
- Wiederherstellung der physiologischen Funktion des Sinus frontalis
- Beseitigung und Prävention einer Abflußstörung im Bereich des Sinus frontalis

- Beseitigung und Prävention einer sensorischen und nervalen Funktionsstörung
- Wiederherstellung der Augenfunktion
- Wiederherstellung der Drainage des Sinus frontalis
- Prävention einer neurologischen Beeinträchtigung
- Infektionsprophylaxe
- Schmerzbeseitigung

**THERAPIEINDIKATIONEN**

- Klinischer und/oder röntgenologischer Nachweis einer Fraktur im Bereich des Sinus frontalis
- Klinischer und/oder röntgenologischer Nachweis begleitender Frakturen (Nase, Orbita, Nasoethmoidalkomplex, Frontobasalfraktur)
- Funktionsstörung des N. supraorbitalis
- Ptosis und/oder Enophthalmus
- Verletzung der bedeckenden Weichgewebe
- Kontinuitätsstörung/Defekt
- Liquorrhö
- Periorbitales Hämatom
- Fremdkörper
- Infektionsprophylaxe

**UNTERSUCHUNGEN**

*Notwendige Untersuchungen*
- Inspektion
- Palpation
- Röntgen

*Weiterführende Untersuchungen*
- Computertomographie
- Magnetresonanztomographie
- Neurologische Untersuchung
- Laborchemische Untersuchungen (z. B. Glukosetest des Nasensekrets bei Verdacht auf Liquorrhö)
- Arterielle digitale Subtraktionstechnik (bei frontobasaler Mitbeteiligung und zerebralen Gefäßverletzungen)
- Sinuskopie

**THERAPIE**

*Konservative Therapie*
- Beobachtung
- Antibiotikatherapie

- Schneuzverbot
- Abschwellende Maßnahmen

*Operative Therapie*
- Rekonstruktion und Osteosynthese (Drahtnaht, Miniplatten, Mikroplatten)
- Einlage von Drainagen zum Sekretabfluß und Verhinderung eines Sekretverhaltes
- Gegebenenfalls Duraplastik
- Obliteration des Sinus frontalis beidseits bei:
  - Verletzungen des Ductus nasofrontalis, welche nicht rekonstruiert werden können,
  - geringgradiger Fraktur und/oder Dislokation im Bereich der posterioren Wand des Sinus frontalis mit fraglicher Drainage des Sinus frontalis,
  - begleitenden neurologischen/neurochirurgischen Verletzungen,
  - bei starker Dislokation der dorsalen Wand des Sinus frontalis.
- Kranialisation des Sinus frontalis bei:
  - neurologischen und/oder neurochirurgischen Verletzungen, welche eine Dekompression erfordern,
  - Verletzungen, welche eine Rekonstruktion der dorsalen Wand des Sinus frontalis nicht ermöglichen,
  - erhöhtem Risiko einer Sinusitis.

ERGÄNZENDE MASSNAHMEN

- Schmerztherapie
- Schneuzverbot
- Gegebenenfalls Antibiotikatherapie

RISIKOFAKTOREN

- Weichgewebedefekt
- Verlust von Knochenstrukturen
- Grad der Frakturdislokation
- Hämorrhagie
- Stück- und/oder Trümmerfraktur
- Fremdkörper
- Wundverschmutzung
- Gestörte Blutversorgung der Fragmente und bedeckender Weichgewebe
- Vorliegen einer Infektion
- Begleitende Verletzungen im Kiefer- und Gesichtsbereich
- Dauer bis zur Frakturversorgung
- Neigung zur Keloid- oder hypertrophen Narbenbildung
- Angeborene kraniofaziale Deformität
- Prätraumatisch bestehende Infektion oder pathologische Veränderung im Bereich des Sinus frontalis (Sinusitis, Mukozele)

**KOMPLIKATIONEN**

- Pseudarthrose
- Gesichtsdeformität
- Skelettale Deformität
- Weichgewebedeformität
- Chronische Schmerzen
- Chronische Infektion
- Chronische neurologische Funktionsstörungen (motorisch und/oder sensorisch)
- Störung der Pneumatisation der Nasennebenhöhlen
- Neurologische Verletzung (Kontusion, Kompression, Tod)
- Verletzung der Orbita (Diplopie, Erblindung)
- Periorbitale Weichteilverletzungen
- Liquorrhö
- Infektion (z. B. Sinusitis, Meningitis, Sinus-cavernosus-Thrombose, Osteomyelitis)
- Entwicklung einer Mukozele oder Pyozele
- Liquorfistel
- Prätraumatische Gewebeschädigung (metabolisch, Radiatio)

**EMPFEHLUNG**

Zur operativen Versorgung der Frakturen sollte ggf. ein Neurochirurg hinzugezogen werden.

## 3.10 Orale und periorale Weichgewebeverletzungen

Weichgewebeverletzungen im Gesicht sollten möglichst frühzeitig definitiv versorgt werden, da in diesem Bereich neben der funktionellen v. a. auch die ästhetische Rehabilitation im Vordergrund steht. Bei Kombination von Weichteilverletzungen mit Frakturen des Gesichtsschädels sollte zwar so früh wie möglich die definitive Weichteilvereinigung erfolgen, jedoch erst nach der Rekonstruktion der knöchernen Strukturen („von innen nach außen").

Ein definitiver primärer Wundverschluß sollte nicht erfolgen bei Wunden, die:

- Noch Fremdkörper enthalten
- Mit großen Trümmerzonen in Verbindung stehen und sich operativ nicht ausreichend vereinigen lassen
- Mit infektiösem organischen Material kontaminiert sind (Berufsverletzungen)

## THERAPIEZIELE

Besondere Bedeutung ist neben der funktionellen Herstellung v. a. auch der ästhetischen Rekonstruktion einzuräumen. Hierbei ist besonders zu achten auf:
- Wiederherstellung der Weichgewebeform und -funktion
- Wiederherstellung der Weichgewebestruktur (z. B. Pigmentierung, Textur, Haarwachstum)
- Minimale Narbenbildung
- Wiederherstellung und Erhalt der sensiblen und motorischen Nervenfunktion
- Wiederherstellung und/oder Erhalt der Speicheldrüsenfunktion einschließlich der Speicheldrüsenausführungsgänge
- Schmerzbeseitigung
- Wundtoilette
- Fremdkörperbeseitigung

## THERAPIEINDIKATIONEN

- Klinischer Hinweis für Lazeration, Abrasion, Hämatom oder Weichgewebeverlust
- Ausmaß von begleitenden intraoralen Verletzungen einschließlich Zahnfrakturen
- Ausmaß von begleitenden knöchernen Gesichtsverletzungen
- Sensible und/oder motorische Nervenfunktionsstörung (N. infraorbitalis, N. mentalis, N. facialis)
- Verbrennung (z. B. chemisch, thermisch und/oder elektrisch)
- Fremdkörper

## UNTERSUCHUNGEN

*Notwendige Untersuchungen*
- Inspektion
- Palpation
- Röntgen zum Ausschluß von knöchernen Verletzungen und Fremdkörpern

*Weiterführende Untersuchungen*
- Computertomographie
- Neurologische Diagnostik

## THERAPIE

Die primäre Behandlung von lebensbedrohlichen Verletzungsfolgen, wie z. B. Luftwegobstruktionen oder starke Blutungen, ist selbstverständlich. Subtile Wundsäuberung und Fremdkörperentfernung müssen vor plastisch-rekonstruktiven Maßnahmen erfolgen, um später gute ästhetische und funktionelle Ergebnisse erzielen zu können.

Rekonstruktive Maßnahmen beziehen sich auf nachfolgend genannte Unterpunkte:
- Débridement von Weichteilwunden
- Schichtweiser Wundverschluß/Rekonstruktion (z. B. Muskel, Faszie, Haut)
- Nervenrekonstruktion (z. B. N. facialis)
- Rekonstruktion von Speicheldrüsen und Speicheldrüsenausführungsgängen
- Rekonstruktion bei Weichteildefekten (Flap, Verschiebeplastik, Transplantat)
- Gefäßverletzungen
- Einlage von Drainagen bei größeren Operationen oder infizierten Wunden zur Erleichterung des Sekretabflusses
- Berücksichtigung der Hauttextur und des Haarwachstums (Bart bei Männern)
- Berücksichtigung der Sprachfunktion
- Erhalt und/oder Rekonstruktion der neurologischen Funktion
- Erhalt und/oder Rekonstruktion der Funktion der Lippen

### ERGÄNZENDE MASSNAHMEN

- Schmerztherapie
- Gegebenenfalls Antibiotikatherapie

### RISIKOFAKTOREN

- Luftpassagebehinderung
- Hämorrhagie
- Länge, Konfiguration und Richtung der Weichteilverletzung (Hautspannungslinien)
- Weichgewebeverlust (z. B. Bißverletzungen)
- Weichgewebeödem
- Weichgewebeverletzungen, welche die Speicheldrüsen und/oder Ausführungsgänge, Hirnnerven, Blutgefäße oder Lippenrot-Lippenweiß-Grenze betreffen
- Insuffiziente Blutversorgung der Weichteilsegmente
- Fremdkörper
- Kontaminierte Wunden (z. B. Hundebißverletzung)
- Bestehende Infektion oder pathologische Veränderungen
- Gleichzeitig bestehende kraniofaziale Verletzungen (z. B. Mittelgesichtsfrakturen)
- Gleichzeitige Verletzungen, welche eine Primärversorgung der Weichgewebeverletzung verhindern (z. B. polytraumatisierte Patienten)
- Zeitspanne bis zur Wundversorgung
- Prätraumatische Gewebeschädigung (metabolisch, Radiatio)

### KOMPLIKATIONEN

- Wunddehiszenz
- Deformität von Weichgeweben

- Narben- und/oder Keloidbildung
- Schlechte Weichgewebequalität (z. B. Pigmentation, Textur, Haarverlust)
- Neurologische Funktionsstörung
- Speicheldrüsenfunktionsstörungen
- Infektionen
- Schmerzpersistenz (Chronizität)

**EMPFEHLUNG**

In Abhängigkeit vom Verletzungsgrad kann sowohl eine ambulante als auch eine stationäre Behandlung indiziert sein.

## 3.11 Periorbitale Weichgewebeverletzungen

Periorbitale Weichgewebeverletzungen können isoliert oder begleitend im Rahmen schwerer Mittelgesichtsverletzungen auftreten. Neben der Weichgewebeversorgung und Rehabilitation sollte stets ein augenärztlicher Fachkollege zur Überprüfung der Augenfunktionen hinzugezogen werden.

**THERAPIEZIELE**

Neben der Wiederherstellung der Weichgewebe sollte besonders darauf geachtet werden, daß das Auge in seiner Funktion nicht beeinträchtigt wird und Infektionen aus den periorbitalen Weichteilen keinen okulären Anschluß finden.
- Wiederherstellung der Weichgewebekontinuität (z. B. Augenbraue, Lidbandapparat)
- Wiederherstellung von Form und Funktion der Weichgewebe
- Wiederherstellung der kosmetischen Qualität der Weichgewebe (Pigmentation, Textur, Haarwachstum)
- Wiederherstellung der Nerven
- Wiederherstellung der Tränendrüse
- Wiederherstellung des Ductus nasolacrimalis
- Reduzierung der Narbenbildung

**THERAPIEINDIKATIONEN**

- Klinischer Hinweis für Lazeration, Abrasion, Hämatom oder Weichgewebeverlust
- Ausmaß von begleitenden okulären Verletzungen
- Ausmaß von begleitenden knöchernen Gesichtsverletzungen
- Nervenfunktionsstörung (z. B. N. infra- und/oder supraorbitalis)
- Verbrennung (z. B. chemisch, thermisch und/oder elektrisch)
- Fremdkörper

## UNTERSUCHUNGEN

*Notwendige Untersuchungen*
- Inspektion
- Palpation
- Röntgen zum Ausschluß von knöchernen Verletzungen und von Fremdkörpern

*Weiterführende Untersuchungen*
- Computertomographie
- Augenfachärztliche Untersuchung

## THERAPIE

- Wundreinigung
- Débridement, Blutstillung, Inspektion und Naht
- Lokale Defektdeckung oder Deckung mittels Spalt- und/oder Vollhauttransplantation
- Nah- und/oder Fernlappenplastiken
- Wiederherstellung des Ductus nasolacrimalis
- Dakryozystorhinostomie bei ausgedehnten Verletzungen des nasolacrimalen Apparates
- Fixation des Ligamentum palpebrale mediale und laterale
- Drainage von Hohlräumen oder großflächigen Verletzungen

## ERGÄNZENDE MASSNAHMEN

- Schmerztherapie
- Gegebenenfalls Antibiotikatherapie

## RISIKOFAKTOREN

- Luftpassagebehinderung
- Hämorrhagie
- Länge, Konfiguration und Richtung der Weichteilverletzung (Hautspannungslinien)
- Weichgewebeverlust (z. B. Bißverletzungen)
- Weichgewebeödem
- Insuffiziente Blutversorgung der Weichteilsegmente
- Fremdkörper
- Kontaminierte Wunden (z. B. Hundebißverletzung)
- Bestehende Infektion oder pathologische Veränderungen
- Gleichzeitig bestehende kraniofaziale Verletzungen (z. B. Mittelgesichtsfrakturen)
- Gleichzeitige Verletzungen, welche eine Primärversorgung der Weichgewebeverletzung verhindern (z. B. polytraumatisierte Patienten)

- Zeitspanne bis zur Wundversorgung
- Bestehender Weichgewebeverlust
- Blutversorgung der verletzten Gewebeanteile
- Gleichzeitig vorliegende knöcherne Gesichtsverletzungen
- Bekannte Neigung zur Keloid- und/oder hypertrophen Narbenbildung
- Prätraumatische Gewebeschädigung (metabolisch, Radiatio)

**KOMPLIKATIONEN**

- Wunddehiszenz
- Deformität von Weichgeweben (Ptosis, Ektopium, Entropium, Kolobom, Augenbrauenfunktionsstörung)
- Funktionsstörung der Lider (Lidschlußinsuffizienz)
- Narben- und/oder Keloidbildung
- Schlechte Weichgewebequalität (z. B. Pigmentation, Textur, Haarverlust)
- Neurologische Funktionsstörung (Ptosis)
- Tränendrüsenfunktionsstörungen
- Infektionen
- Funktionsstörung des Ductus nasolacrimalis (Epiphora)
- Chronische Schmerzzustände

**EMPFEHLUNG**

Bei Verdacht auf eine begleitende Augenverletzung sollte primär stets eine augenfachärztliche Untersuchung erfolgen. Diese und die Versorgung der Augenverletzung hat in der Regel stets Vorrang vor der Versorgung der begleitenden Weichgewebeverletzungen.

## 3.12 Perinasale Weichgewebeverletzungen

Die perinasalen Weichgewebeverletzungen können entweder isoliert oder aber in Kombination mit zentralen Mittelgesichtsverletzungen auftreten. Vor allem durch die Diagnostik mit Hilfe bildgebender Verfahren muß die Ausdehnung knöcherner Nachbarstrukturen und gegebenenfalls die Mitbeteiligung der Augen beurteilt werden.

**THERAPIEZIELE**

- Wiederherstellung der Weichgewebekontinuität
- Wiederherstellung von Form und Funktion der Weichgewebe
- Wiederherstellung der kosmetischen Qualität der Weichgewebe (Pigmentation, Textur)
- Wiederherstellung von Form und Funktion der sensorischen und motorischen Nerven

- Erhalt der Nasenatmung
- Erhalt von Knorpel- und Hautstrukturen
- Verhinderung von hypertrophen Narben- und Keloidbildungen
- Verhinderung von Narbenkontrakturen

**THERAPIEINDIKATIONEN**

- Klinischer Hinweis für Lazeration, Abrasion, Hämatom oder Weichgewebeverlust
- Ausmaß von begleitenden knöchernen Gesichtsverletzungen einschließlich Nasenseptum und Knorpelstrukturen
- Nervenfunktionsstörung (z. B. N. infraorbitalis)
- Verbrennung (z. B. chemisch, thermisch und/oder elektrisch)
- Fremdkörper

**UNTERSUCHUNGEN**

*Notwendige Untersuchungen*
- Inspektion
- Palpation
- Wundinspektion
- Gegebenenfalls Röntgen

*Weiterführende Untersuchungen*
- Computertomographie
- Magnetresonanztomographie
- Laborchemische Untersuchungen (z. B. Glukosetest des Nasensekrets bei Verdacht auf Liquorrhö)

**THERAPIE**

- Wundreinigung, Débridement, Blutstillung, Wundinspektion und primäre Wundversorgung mittels Naht
- Hämatomentfernung und Druckverband
- Regionale oder gestielte Gewebetransplantation bei Gewebedefekten
- Mikrovaskuläre Gewebetransplantation bei umfangreichen Defekten im Bereich der Nase
- Heterologe Knorpeltransplantation (Cialitknorpel bei größeren Knorpeldefekten/-verlusten)
- Spalthaut- oder Vollhauttransplantation
- Drainage von größeren oder kontaminierten Wunden

**ERGÄNZENDE MASSNAHMEN**

- Schmerztherapie
- Schneuzverbot
- Gegebenenfalls Antibiotikatherapie

**RISIKOFAKTOREN**

- Luftpassagebehinderung
- Hämorrhagie
- Länge, Konfiguration und Richtung der Weichteilverletzung (Hautspannungslinien)
- Weichgewebeverlust (z. B. Bißverletzungen)
- Weichgewebeödem
- Insuffiziente Blutversorgung der Weichteilsegmente
- Fremdkörper
- Kontaminierte Wunden (z. B. Hundebißverletzung)
- Bestehende Infektion oder pathologische Veränderungen
- Gleichzeitig bestehende kraniofaziale Verletzungen (z. B. Mittelgesichtsfrakturen)
- Gleichzeitige Verletzungen, welche eine Primärversorgung der Weichgewebeverletzung verhindern (z. B. polytraumatisierte Patienten)
- Zeitspanne bis zur Wundversorgung
- Gleichzeitig bestehende nasale, septale und Gesichtsschädelfrakturen
- Weichgewebeödem, Hämatom oder Blutung (z. B. septales Hämatom, Epistaxis)
- Bekannte Neigung zur Keloid- und/oder hypertrophen Narbenbildung
- Prätraumatische Gewebeschädigung (metabolisch, Radiatio)

**KOMPLIKATIONEN**

- Wunddehiszenz
- Deformität von Weichgeweben
- Narben- und/oder Keloidbildung
- Schlechte Weichgewebequalität (z. B. Pigmentation, Textur)
- Neurologische Funktionsstörung
- Infektionen
- Funktionsstörung des Ductus nasolacrimalis (Epiphora)
- Chronische Schmerzzustände
- Knorpel- und/oder Hautnekrosen (z. B. Nasenseptumperforation)
- Chondritis, Perichondritis
- Sensible Funktionsstörungen
- Nasendeformität
- Subkutane Atrophie
- Asymmetrie
- Synechie
- Persistierende Weichgewebedefekte

**EMPFEHLUNG**

Größere rekonstruktive Maßnahmen wie z. B. Knorpeltransplantationen oder mikrovaskuläre Rekonstruktionen sollten in der Regel zweizeitig vorgenommen werden, um einem möglichen infektionsbedingten Transplantatverlust vorzubeugen.

### 3.13 Gesichtsweichteilverletzungen

Verletzungen der Gesichtsweichteile treten entweder isoliert in Form von Schürf-, Riß-, Schnitt-, Quetsch-, Defektwunden oder im Rahmen von schweren Traumata in Kombination mit Gesichtsschädelfrakturen auf. Von entscheidender Bedeutung für das spätere funktionelle und im Gesicht besonders wichtige ästhetische Ergebnis sind der Zeitpunkt und die Art der primären Wundversorgung.

**THERAPIEZIELE**

- Wiederherstellung der Form und Funktion (z. B. Pigmentation, Textur, Haarwachstum, Lid- und Lippenschluß)
- Wiederherstellung der Ästhetik
- Wiederherstellung und Erhalt der Funktion von sensiblen und motorischen Nerven
- Wiederherstellung und Erhalt der Funktion der Speicheldrüsen und Speicheldrüsenausführungsgänge
- Wiederherstellung und Erhalt der Funktion des Ductus nasolacrimalis
- Verringerung der Narbenbildung

**THERAPIEINDIKATIONEN**

- Klinischer Hinweis für Lazeration, Abrasion, Hämatom oder Weichgewebeverlust
- Ausmaß von begleitenden knöchernen Gesichtsverletzungen einschließlich Knorpelstrukturen
- Sensible und/oder motorische Nervenfunktionsstörung (N. infra-, supraorbitalis, N. mentalis, N. facialis)
- Verbrennung (z. B. chemisch, thermisch und/oder elektrisch)
- Fremdkörper

**UNTERSUCHUNGEN**

*Notwendige Untersuchungen*
- Inspektion
- Palpation
- Gegebenenfalls Röntgen

*Weiterführende Untersuchungen*
- Computertomographie
- Magnetresonanztomographie

- Laborchemische Untersuchungen (z. B. Glukosetest des Nasensekrets bei Verdacht auf Liquorrhö)

**THERAPIE**

Vorrangig in den Behandlungsmaßnahmen sind die Beseitigung von Fehlfunktionen wie z. B. Luftpassagebehinderungen bzw. das Stillen größerer Blutungen, so daß eine vitale Gefährdung ausgeschlossen wird.
- Débridement von Weichgewebewunden
- Fremdkörperentfernung aus der Wunde
- Behandlung von Gewebeverletzungen
- Korrektur und/oder Rekonstruktion des Ductus nasolacrimalis
- Korrektur und/oder Rekonstruktion der Speicheldrüsenausführungsgänge
- Nervennaht (z. B. N. facialis)
- Chirurgische Versorgung von Weichgewebewunden (Muskel, Faszie, Haut)
- Rekonstruktion von Weichgeweben mittels Spalthaut, Vollhaut, gestielter und/oder mikrovaskulärer Hauttransplantation
- Drainage von infizierten Wunden oder Hohlräumen

**ERGÄNZENDE MASSNAHMEN**

- Schmerztherapie
- Gegebenenfalls Antibiotikatherapie

**RISIKOFAKTOREN**

- Luftpassagebehinderung
- Hämorrhagie
- Länge, Konfiguration und Richtung der Weichteilverletzung (Hautspannungslinien)
- Weichgewebeverlust
- Weichgewebeödem
- Insuffiziente Blutversorgung der Weichteilsegmente
- Fremdkörper
- Kontaminierte Wunden (z. B. Hundebißverletzung)
- Bestehende Infektion oder pathologische Veränderungen
- Gleichzeitig bestehende kraniofaziale Verletzungen (z. B. Mittelgesichtsfrakturen)
- Gleichzeitige Verletzungen, welche eine Primärversorgung der Weichgewebeverletzung verhindern (z. B. polytraumatisierte Patienten)
- Zeitspanne bis zur Wundversorgung
- Neigung zur Keloid- und/oder hypertrophen Narbenbildung
- Prätraumatische Gewebeschädigung (metabolisch, Radiatio)

**KOMPLIKATIONEN**

- Wunddehiszenz
- Deformität von Weichgeweben
- Narben- und/oder Keloidbildung
- Schlechte Weichgewebequalität (z. B. Pigmentation, Textur, Alopezie)
- Neurologische Funktionsstörung
- Infektionen
- Funktionsstörung des Ductus nasolacrimalis (Epiphora)
- Speicheldrüsenfunktionsstörung
- Chronische Schmerzzustände
- Knorpel- und/oder Hautnekrosen
- Chondritis
- Sensible Funktionsstörungen
- Subkutane Atrophie
- Asymmetrie
- Synechie
- Persistierende Weichgewebedefekte

**EMPFEHLUNG**

Größere rekonstruktive Maßnahmen wie z. B. mikrovaskuläre Rekonstruktionen sollten in der Regel zweizeitig vorgenommen werden, um einem möglichen infektionsbedingten Transplantatverlust vorzubeugen.

## 3.14 Ohrmuschelverletzungen

Verletzungen des äußeren Ohres kommen entweder isoliert oder in Zusammenhang mit ausgedehnten Weichteilverletzungen des Gesichts vor.

**THERAPIEZIELE**

Besonderes Augenmerk ist auf die Wiederherstellung von Form und Funktion des äußeren Ohres zu richten. Der Erhalt des Ohrknorpels (bradytrophes Gewebe) und der Haut bedarf einer schonenden Behandlung des Gewebes.
- Blutungskontrolle
- Geringe Narbenbildung
- Geringe Narbenkontraktur/Striktur

**THERAPIEINDIKATIONEN**

- Klinischer Hinweis für Lazeration, Abrasion, Hämatom oder Weichgewebeverlust
- Begleitende knöcherne Schädelverletzungen einschließlich der Knorpelstrukturen

- Sensible Nervenfunktionsstörung (N. auricularis magnus)
- Verbrennung (z. B. chemisch, thermisch und/oder elektrisch)
- Fremdkörper

**UNTERSUCHUNGEN**

*Notwendige Untersuchungen*
- Inspektion
- Palpation
- Gegebenenfalls Röntgen

*Weiterführende Untersuchungen*
- Computertomographie
- HNO-fachärztliche Untersuchung

**THERAPIE**

- Wundsäuberung, Débridement, Blutstillung und Gewebenaht
- Hämatomentlastung, Druckverband
- Spalthaut- oder Vollhauttransplantat bei Ablederung und erhaltenem Perichondrium
- Mikrovaskuläre Reanastomisierung bei großflächiger oder totaler Ablederung des äußeren Ohres
- Drainage bei größeren Hohlräumen oder bei infizierten Wunden

**ERGÄNZENDE MASSNAHMEN**

- Schmerztherapie
- Gegebenenfalls Antibiotikatherapie

**RISIKOFAKTOREN**

- Hämorrhagie
- Länge, Konfiguration und Richtung der Weichteilverletzung
- Weichgewebeverlust
- Weichgewebeödem
- Insuffiziente Blutversorgung der Weichteilsegmente
- Fremdkörper
- Kontaminierte Wunden (z. B. Hundebißverletzung)
- Bestehende Infektion oder pathologische Veränderungen
- Gleichzeitig bestehende kraniofaziale Verletzungen (z. B. Mittelgesichtsfrakturen)
- Gleichzeitige Verletzungen, welche eine Primärversorgung der Weichgewebeverletzung verhindern (z. B. polytraumatisierte Patienten)
- Zeitspanne bis zur Wundversorgung
- Bekannte Neigung zur Keloid- und/oder hypertrophen Narbenbildung
- Prätraumatische Gewebeschädigung (metabolisch, Radiatio)

**KOMPLIKATIONEN**

- Wunddehiszenz
- Deformität von Weichgeweben (Ohrmuscheldeformität)
- Narben- und/oder Keloidbildung
- Schlechte Weichgewebequalität (z. B. Pigmentation, Textur)
- Infektionen
- Chronische Schmerzzustände
- Knorpel- und/oder Hautnekrosen
- Chondritis
- Sensible Nervenfunktionsstörungen
- Asymmetrie
- Bestehende Weichgewebedefekte
- Abstehende Ohrmuschel
- Othämatom

**EMPFEHLUNG**

Größere rekonstruktive Maßnahmen wie z. B. Knorpeltransplantationen oder mikrovaskuläre Rekonstruktionen sollten in der Regel zweiseitig vorgenommen werden, um einem möglichen infektionsbedingten Transplantatverlust vorzubeugen.

## 3.15 Skalpverletzungen

Bei bestehenden Verletzungen der behaarten Kopfhaut ist im Rahmen der klinischen Inspektion und diagnostischer Maßnahmen v. a. nach weiterführenden knöchernen bzw. intrazerebralen Begleitverletzungen zu suchen. Sehr häufig liegt auch begleitend eine Commotio oder Contusio cerebri vor. Ein neurochirurgisches Konsil kann aus oben genannten Erwägungen erforderlich sein.

**THERAPIEZIELE**

- Wiederherstellung der prätraumatischen Form
- Erhalt der Gewebestrukturen
- Prävention einer hypertrophen Narbenbildung

**THERAPIEINDIKATIONEN**

- Klinischer Hinweis auf Kontusion, Abrasion, Lazeration, Blutung oder Hämatom
- Verletzung des darunterliegenden Schädelknochens
- Hinweis auf Schädelkonturdeformität
- Verbrennung (thermisch, chemisch und elektrisch)
- Sensible und/oder motorische Nervenfunktionsstörung
- Fremdkörper

## UNTERSUCHUNGEN

*Notwendige Untersuchungen*
- Inspektion
- Palpation
- Gegebenenfalls Röntgen

*Weiterführende Untersuchungen*
- Röntgen
- Computertomographie
- Magnetresonanztomographie
- Neurologische Untersuchung

## THERAPIE

- Wundreinigung
- Débridement
- Wundinspektion
- Blutungskontrolle
- Naht
- Hämatomentfernung und anschließender Druckverband
- Nahlappenplastik im Sinne einer lokalen plastischen Deckung oder Hauttransplantation bei größeren Skalpverlusten
- Fernlappenplastik, z. B. mikrovaskulär anastomosierte Hauttransplantate
- Spalthauttransplantation im Falle von Hautverlust bei noch vorhandenem Periost
- Anwendung eines Gewebeexpanders
- Drainage von Hohlräumen oder infizierten Wunden

## ERGÄNZENDE MASSNAHMEN

- Schmerztherapie
- Gegebenenfalls Antibiotikatherapie

## RISIKOFAKTOREN

- Hämorrhagie
- Länge, Konfiguration und Richtung der Weichteilverletzung (Hautspannungslinien)
- Weichgewebeverlust
- Weichgewebeödem
- Insuffiziente Blutversorgung der Weichteilsegmente
- Fremdkörper
- Kontaminierte Wunden (z. B. Hundebißverletzung)
- Bestehende Infektion oder pathologische Veränderungen

- Gleichzeitig bestehende kraniofaziale Verletzungen (z. B. Schädeldachfrakturen)
- Gleichzeitige Verletzungen, welche eine Primärversorgung der Weichgewebeverletzung verhindern (z. B. polytraumatisierte Patienten)
- Zeitspanne bis zur Wundversorgung
- Bekannte Neigung zur Keloid- und/oder hypertrophen Narbenbildung
- Prätraumatische Gewebeschädigung (metabolisch, Radiatio)

**KOMPLIKATIONEN**

- Wunddehiszenz
- Deformität von Weichgeweben
- Narben- und/oder Keloidbildung
- Schlechte Weichgewebequalität (z. B. Pigmentation, Textur)
- Alopezie
- Sensible Funktionsstörung
- Infektionen
- Chronische Schmerzzustände
- Hautnekrosen
- Subkutane Atrophie
- Asymmetrie
- Bestehende Weichgewebedefekte

**EMPFEHLUNG**

Größere rekonstruktive Maßnahmen wie z. B. Implantation von Gewebeexpandern oder mikrovaskuläre Rekonstruktionen sollten in der Regel zweizeitig vorgenommen werden, um einem möglichen infektionsbedingten Implantat-/Transplantatverlust vorzubeugen.

## 3.16 Luftwegobstruktion

Eine Verengung oder Verlegung der Luftwege kann nach einem punktuellen Trauma im Rahmen eines Polytraumas oder bei nicht beherrschbaren Schwellungszuständen auftreten.

**THERAPIEZIELE**

Das Ziel der Therapie besteht in der Beseitigung bzw. der Verhinderung der vitalen Bedrohung durch eine Verengung oder Verlegung der oberen Atemwege jedweder Genese.
- Sicherung der Luftpassage
- Blutungskontrolle
- Schwellungskontrolle
- Weichgeweberekonstruktion

**THERAPIEINDIKATIONEN**

Eine sofortige Intervention zur Abwendung einer vitalen Bedrohung ist angezeigt bei:
- Gefahr oder einem klinischen Hinweis auf Luftwegobstruktion,
- Kehlkopffraktur,
- nichtkontrollierbarer Sekretion,
- nichtkontrollierbarem Schwellungszustand.

**UNTERSUCHUNGEN**

- Inspektion
- Palpation
- Blutgasanalyse
- Gegebenenfalls Röntgen

**THERAPIE**

*Notfallmäßiger Erhalt des Luftweges*
- Absaugen
- Fremdkörperentfernung
- Vorverlagerung des Unterkiefers
- Intubation

*Chirurgischer Erhalt des Luftweges*
- Koniotomie
- Tracheotomie
- Tracheostomaanlage
- Submentale Intubation

**RISIKOFAKTOREN**

- Lungenfunktionsstörung (z. B. Pneumothorax, Infektion)
- Instabiler Luftweg
- Hämorrhagie
- Bestehende Gerinnungsstörung
- Bestehende Kehlkopf- oder Lungenverletzung
- Gleichzeitig bestehende Weichgewebeverletzung im Bereich des Mundes, der Nase oder des Pharynx
- Gleichzeitig bestehende kraniofaziale Verletzung
- Gleichzeitig bestehende Gesichtsschädelfraktur
- Gleichzeitig bestehende medizinische Probleme, welche eine primäre Beseitigung der Gefahr der Luftpassagebehinderung unmöglich machen
- Fremdkörper
- Luftwegobstruktion

**KOMPLIKATIONEN**

- Insuffizienter Luftweg
- Insuffiziente Ventilation
- Neurologische Funktionsstörung
- Stimmbandlähmung
- Knorpelmalazie

**EMPFEHLUNG**

Die Wiederherstellung und Sicherung der Luftpassage und Ventilation ist primär vor allen übrigen Maßnahmen durchzuführen und hat oberste Priorität bei der Versorgung von Verletzten.

# 4 Fehlbildungen und Entwicklungsstörungen

**EINLEITUNG**

Kraniofaziale Deformitäten und Fehlbildungen umfassen das Neurokranium, das Viszerokranium und die assoziierten Weichgewebe. Diese Deformitäten können unterschiedlicher Genese sein. So spielen u. a. genetische, umweltbedingte, entwicklungsbedingte und funktionelle Einflüsse eine Rolle. Außerdem können traumatische, neoplastische, metabolische und degenerative Erkrankungen dafür verantwortlich sein.

Die Deformitäten können sich bereits bei der Geburt oder erst im Laufe der Entwicklung/des Wachstums manifestieren. Muskuloskelettale Deformitäten des Gesichtsschädels können in allen drei Wachstumsrichtungen (horizontal, vertikal, transversal) sowohl einzeln als auch kombiniert auftreten. Dabei können sie sich einseitig oder doppelseitig manifestieren. Die chirurgischen Maßnahmen haben die Korrektur der funktionellen und/oder morphologischen Veränderungen zum Ziel.

## 4.1 Dysgnathien

### 4.1.1 Progenie (mandibuläre Prognathie)

**DEFINITION**

Die echte Progenie ist gekennzeichnet durch eine Verlängerung des Unterkieferkörpers in der Sagittalen mit prominentem Kinn, Lippenstufe, Frontzahnstufe und abgeflachtem Kieferwinkel. Mitunter ist das Untergesicht verlängert.

**THERAPIEZIELE**

- Verbesserung der muskuloskelettalen, dentoalveolären und/oder Weichteilverhältnisse
- Verbesserung der Kau- und Schluckfunktion
- Verbesserung der Okklusion
- Verbesserung der Artikulation
- Verbesserung der Sprache
- Ergänzung und/oder Ermöglichung einer kieferorthopädischen Behandlung
- Verbesserung und/oder Prophylaxe der dentalen und parodontalen Situation
- Verbesserung des sozialen und psychologischen Wohlbefindens

- Verbesserung und/oder Vorbeugung von Kiefergelenkerkrankungen und/oder muskulären Erkrankungen
- Verbesserung der Ästhetik

**THERAPIEINDIKATIONEN**

- Klinischer Hinweis auf muskuloskelettale, dentoalveoläre und/oder Weichteildeformität
- Röntgenologisch/bildgebender Beweis für muskuloskelettale, dentoalveoläre und/oder Weichteildeformität (Abweichung von der zephalometrischen Norm, andere sichtbare Abweichungen)
- Okklusions- oder Artikulationsstörungen, welche nicht mit konventionellen kieferorthopädischen Methoden korrigiert werden können (z. B. instabile Okklusion, insuffiziente Ästhetik)
- Sprachstörungen
- Kau- und Schluckstörungen
- Insuffiziente Korrektur oder instabiles Ergebnis nach vorausgegangener Behandlung
- Soziale oder psychologische Aspekte
- Mitbeteiligung der Kiefergelenke (Kiefergelenkerkrankung)
- Muskuläre Erkrankung (eine chirurgische Maßnahme kann hierbei hilfreich sein, falls eine reversible Okklusionsveränderung eine Schmerzbeseitigung bzw. -erleichterung ergibt)
- Parodontopathie
- Dentale Erkrankungen

**UNTERSUCHUNGEN**

*Notwendige Untersuchungen*
- Inspektion
- Palpation
- Erhebung des Zahnstatus mit orientierender Beurteilung des Zustandes des Zahnhalteapparates
- Erhebung eines Funktionsstatus der Kaumuskulatur, der Kiefergelenke und der Zunge
- Röntgen (Panoramaschichtaufnahme, posterior-anteriore Schädelaufnahme, Fernröntgenseitenaufnahme)
- Profildiagnostik
- Modellanalyse
- Modelloperation (an den im Artikulator eingestellten Modellen wird die geplante Skelettverlagerung simuliert)

*Weiterführende Untersuchungen*
- Ergänzende Röntgenaufnahmen bei geplanter Osteotomie im Oberkiefer (Nasennebenhöhlen)

- Computertomographie
- 3-D-Computertomographie für die computergesteuerte Operationsplanung
- Registrierung der Unterkieferbewegungen
- Computergestützte Modellherstellung

**THERAPIE**

- Osteotomie im aufsteigenden Ast
- Osteotomie im Kieferwinkel
- Osteotomie im Unterkieferkörper
- Mehrfachosteotomien
- Vertikale Symphysenosteotomie im Unterkiefer
- Subapikale Osteotomie

**ERGÄNZENDE MASSNAHMEN**

- Auflagerungsosteoplastik (autogen, allogen, alloplastisch)
- Konturaugmentation und/oder Reduktion
- Kinnplastik
- Myotomie
- In Kombination mit LeFort-I-Osteotomie (bimaxillärer Eingriff)

**RISIKOFAKTOREN**

- Vorhandene oder kürzlich entfernte, impaktierte Weisheitszähne
- Grad und Ausmaß der Deformität
- Noch nicht abgeschlossenes Knochenwachstum
- Grad der vorliegenden Kiefergelenkerkrankung und/oder muskulären Erkrankungen
- Gleichzeitig vorliegende Parafunktion, Habits (z. B. Bruxismus, Zungenbeißen, Fingerlutschen)
- Vorausgegangene Gewebeschädigung (metabolisch, Radiatio)

**KOMPLIKATIONEN**

- Schlechte Schluckfunktion
- Schlechte Okklusion
- Schlechte Sprache
- Behinderung der Atemwege
- Ästhetische Beeinträchtigung
- Beginn und/oder Auslösung einer Kiefergelenkerkrankung
- Neurologische Störung und/oder Schädigung (N. mandibularis)
- Fehlende Knochenheilung (verzögert oder Pseudarthrose)
- Verlust von Zähnen, Knochen und/oder Weichteilsubstanz
- Infektion (akut oder chronisch)
- Verletzung dentaler Strukturen

- Nachblutung
- Schmerz
- Behinderte Mundöffnung
- Auslösung von Parafunktionen, Habits

**EMPFEHLUNG**

Die Behandlung sollte unter stationären Bedingungen durchgeführt werden.

### 4.1.2 Retrogenie (mandibuläre Retrognathie)

**DEFINITION**

Als Retrogenie wird eine abnorme Hypoplasie und/oder Rücklage des Unterkiefers bezeichnet, wobei die hervorstechenden Merkmale eine distale Bißlage, das zurückliegende Kinn sowie oft das hypoplastische Untergesicht sind.

**THERAPIEZIELE**

- Verbesserung der muskuloskelettalen, dentoalveolären und/oder Weichteilverhältnisse
- Verbesserung der Kau- und Schluckfunktion
- Verbesserung der Okklusion
- Verbesserung der Sprache
- Ergänzung und/oder Ermöglichung einer kieferorthopädischen Behandlung
- Verbesserung und/oder Prophylaxe der dentalen und parodontalen Situation
- Verbesserung des sozialen und psychologischen Wohlbefindens
- Verbesserung und/oder Vorbeugung von Kiefergelenkerkrankungen und/oder muskulären Erkrankungen
- Verbesserung der Ästhetik

**THERAPIEINDIKATIONEN**

- Klinischer Hinweis auf muskuloskelettale, dentoalveoläre und/oder Weichteildeformität
- Röntgenologisch/bildgebender Beweis für muskuloskelettale, dentoalveoläre und/oder Weichteildeformität (Abweichung von der zephalometrischen Norm, andere sichtbare Abweichungen)
- Okklusionsstörungen welche nicht mit konventionellen kieferorthopädischen Methoden korrigiert werden können (z. B. instabile Okklusion, insuffiziente Ästhetik)
- Sprachstörungen
- Kau- und Schluckstörungen
- Insuffiziente Korrektur oder instabiles Ergebnis nach vorausgegangener Behandlung

- Soziale oder psychologische Aspekte
- Mitbeteiligung der Kiefergelenke (Kiefergelenkerkrankung)
- Muskuläre Erkrankung (eine chirurgische Maßnahme kann hierbei hilfreich sein, falls eine reversible Okklusionsveränderung eine Schmerzbeseitigung bzw. -erleichterung ergibt)
- Parodontopathie
- Dentale Erkrankungen

### UNTERSUCHUNGEN

*Notwendige Untersuchungen*
- Inspektion
- Palpation
- Erhebung des Zahnstatus mit orientierender Beurteilung des Zustandes des Zahnhalteapparates
- Erhebung eines Funktionsstatus der Kaumuskulatur, der Kiefergelenke und der Zunge
- Röntgen (Panoramaschichtaufnahme, posterior-anteriore Schädelaufnahme, Fernröntgenseitenaufnahme)
- Profildiagnostik
- Modellanalyse
- Modelloperation (an den im Artikulator eingestellten Modellen wird die geplante Skelettverlagerung simuliert)

*Weiterführende Untersuchungen*
- Ergänzende Röntgenaufnahmen bei geplanter Osteotomie im Oberkiefer (Nasennebenhöhlen)
- Computertomographie
- 3-D-Computertomographie für die computergesteuerte Operationsplanung
- Registrierung der Unterkieferbewegungen
- Computergestützte Modellherstellung

### THERAPIE

- Osteotomie im aufsteigenden Ast
- Osteotomie im Kieferwinkel
- Osteotomie im Unterkieferkörper
- Mehrfachosteotomien
- Vertikale Symphysenosteotomie im Unterkiefer
- Subapikale Osteotomie
- Distraktion

### ERGÄNZENDE MASSNAHMEN

- Auflagerungsosteoplastik (autogen, allogen, alloplastisch)
- Konturaugmentation und/oder Reduktion

- Kinnplastik
- Myotomie
- In Kombination mit LeFort-I-Osteotomie (bimaxillärer Eingriff)

**RISIKOFAKTOREN**

- Vorhandene oder kürzlich entfernte, impaktierte Weisheitszähne
- Grad und Ausmaß der Deformität
- Noch nicht abgeschlossenes Knochenwachstum
- Grad der vorliegenden Kiefergelenkerkrankung und/oder muskulären Erkrankungen
- Gleichzeitig vorliegende Parafunktion, Habits (z. B. Bruxismus, Zungenbeißen, Fingerlutschen)
- Vorausgegangene Gewebeschädigung (metabolisch, Radiatio)

**KOMPLIKATIONEN**

- Schlechte Schluckfunktion
- Schlechte Okklusion
- Schlechte Sprache
- Behinderung der Atemwege
- Ästhetische Beeinträchtigung
- Beginn und/oder Auslösung einer Kiefergelenkerkrankung
- Neurologische Störung und/oder Schädigung (N. mandibularis)
- Fehlende Knochenheilung (verzögert oder Pseudarthrose)
- Verlust von Zähnen, Knochen und/oder Weichteilsubstanz
- Infektion (akut oder chronisch)
- Verletzung dentaler Strukturen
- Nachblutung
- Schmerz
- Behinderte Mundöffnung
- Auslösung von Parafunktionen, Habits

**EMPFEHLUNG**

Die Behandlung sollte unter stationären Bedingungen durchgeführt werden.

### 4.1.3 Unterkieferasymmetrie

**DEFINITION**

Die Unterkieferasymmetrie resultiert u. a. aus einer angeborenen oder erworbenen Entwicklungsstörung. Die Unterkieferasymmetrie kann sich in Form einer Hyperplasie mit überschießendem Wachstum oder in Form einer Hypoplasie mit einem Wachstumsdefizit manifestieren. Sie kann sich aber auch ohne Beteiligung der kondylären Wachstumszentren entwickeln. Die symmetrische Diskrepanz kann sich isoliert auf die transversale Ebene oder auch kombiniert auf die transversale, sagittale und vertikale Richtung beziehen.

**THERAPIEZIELE**

- Verbesserung der muskuloskelettalen, dentoalveolären und/oder Weichteilverhältnisse
- Verbesserung der Kau- und Schluckfunktion
- Verbesserung der Okklusion
- Verbesserung der Sprache
- Ergänzung und/oder Ermöglichung einer kieferorthopädischen Behandlung
- Verbesserung und/oder Prophylaxe der dentalen und parodontalen Situation
- Verbesserung des sozialen und psychologischen Wohlbefindens
- Verbesserung und/oder Vorbeugung von Kiefergelenkerkrankungen und/oder muskulären Erkrankungen
- Verbesserung der Ästhetik

**THERAPIEINDIKATIONEN**

- Vertikale, sagittale und/oder horizontale Asymmetrie des R. mandibulae
- Klinischer Hinweis auf muskuloskelettale, dentoalveoläre und/oder Weichteildeformität
- Röntgenologisch/bildgebender Beweis für muskuloskelettale, dentoalveoläre und/oder Weichteildeformität (Abweichung von der zephalometrischen Norm, andere sichtbare Abweichungen)
- Mitbeteiligte Enwicklungsstörungen, pathologische oder erworbene kondyläre Veränderungen, welche die Unterkieferasymmetrie beeinflussen
- Okklusionsstörungen, welche nicht mit konventionellen kieferorthopädischen Methoden korrigiert werden können (z. B. instabile Okklusion, insuffiziente Ästhetik)
- Sprachstörungen
- Kau- und Schluckstörungen
- Insuffiziente Korrektur oder instabiles Ergebnis nach vorausgegangener Behandlung
- Soziale oder psychologische Aspekte
- Mitbeteiligung der Kiefergelenke (Kiefergelenkerkrankung)
- Muskuläre Erkrankung (eine chirurgische Maßnahme kann hierbei hilfreich sein, falls eine reversible Okklusionsveränderung eine Schmerzbeseitigung bzw. -erleichterung ergibt)
- Parodontopathie
- Dentale Erkrankungen
- Soziale oder psychologische Faktoren

## UNTERSUCHUNGEN

*Notwendige Untersuchungen*
- Erhebung des Zahnstatus mit orientierender Beurteilung des Zustandes des Zahnhalteapparates
- Erhebung eines Funktionsstatus der Kaumuskulatur, der Kiefergelenke und der Zunge
- Röntgen (Panoramaschichtaufnahme, posterior-anteriore Schädelaufnahme, Fernröntgenseitenaufnahme)
- Profildiagnostik
- Modellanalyse
- Modelloperation (an den im Artikulator eingestellten Modellen wird die geplante Skelettverlagerung simuliert)

*Weiterführende Untersuchungen*
- Ergänzende Röntgenaufnahmen bei geplanter Osteotomie im Oberkiefer (Nasennebenhöhlen)
- Computertomographie
- 3-D-Computertomographie für die computergesteuerte Operationsplanung
- Registrierung der Unterkieferbewegungen
- Computergestützte Modellherstellung

## THERAPIE

- Osteotomie im aufsteigenden Ast
- Osteotomie im Kieferwinkel
- Osteotomie im Unterkieferkörper
- Mehrfachosteotomien
- Vertikale Symphysenosteotomie im Unterkiefer
- Subapikale Osteotomie
- Distraktion

## ERGÄNZENDE MASSNAHMEN

- Auflagerungsosteoplastik (autogen, allogen, alloplastisch)
- Konturaugmentation und/oder Reduktion
- Kinnplastik
- Myotomie
- In Kombination mit LeFort-I-Osteotomie (bimaxillärer Eingriff)
- Partielle oder komplette Kondylektomie

## RISIKOFAKTOREN

- Vorhandene oder kürzlich entfernte, impaktierte Weisheitszähne
- Grad und Ausmaß der Deformität
- noch nicht abgeschlossenes Knochenwachstum

- Grad der vorliegenden Kiefergelenkerkrankung und/oder muskulären Erkrankungen
- Gleichzeitig vorliegende Parafunktion, Habits (z. B. Bruxismus, Zungenbeißen, Fingerlutschen)
- Vorausgegangene Gewebeschädigung (metabolisch, Radiatio)

**KOMPLIKATIONEN**

- Schlechte Schluckfunktion
- Schlechte Okklusion
- Schlechte Artikulation
- Schlechte Sprache
- Behinderung der Atemwege
- Ästhetische Beeinträchtigung
- Beginn und/oder Auslösung einer Kiefergelenkerkrankung
- Neurologische Störung und/oder Schädigung (N. mandibularis)
- Fehlende Knochenheilung (verzögert oder Pseudarthrose)
- Verlust von Zähnen, Knochen und/oder Weichteilsubstanz
- Infektion (akut oder chronisch)
- Verletzung dentaler Strukturen
- Nachblutung
- Schmerz
- Behinderte Mundöffnung
- Auslösung von Parafunktionen, Habits

**EMPFEHLUNG**

Die Behandlung sollte unter stationären Bedingungen durchgeführt werden.

## 4.1.4 Offener Biß

**DEFINITION**

Die Apertognathie kann entwicklungsbedingt, erworben oder aufgrund von sekundären oder lokalen Faktoren, welche den Zahndurchbruch und den Wachstumsprozeß beeinflussen, verursacht sein. Es kann eine rein vertikale Störung in einem oder in beiden Kiefern vorliegen. Es können aber auch zusätzlich Störungen in der sagittalen und transversalen Dimension vorliegen.

**THERAPIEZIELE**

- Verbesserung der muskuloskelettalen, dentoalveolären und/oder Weichteilverhältnisse
- Verbesserung der Kau- und Schluckfunktion
- Verbesserung der Okklusion

- Verbesserung der Artikulation
- Verbesserung der Sprache
- Ergänzung und/oder Ermöglichung einer kieferorthopädischen Behandlung
- Verbesserung und/oder Prophylaxe der dentalen und parodontalen Situation
- Verbesserung des sozialen und psychologischen Wohlbefindens
- Verbesserung und/oder Vorbeugung von Kiefergelenkerkrankungen und/oder muskulären Erkrankungen
- Verbesserung der Ästhetik

**THERAPIEINDIKATIONEN**

- Klinisches Vorliegen eines offenen Bisses
- Klinischer Hinweis auf muskuloskelettale, dentoalveoläre und/oder Weichteildeformität
- Röntgenologisch/bildgebender Beweis für muskuloskelettale, dentoalveoläre und/oder Weichteildeformität (Abweichung von der zephalometrischen Norm, andere sichtbare Abweichungen)
- Okklusionsstörungen, welche nicht mit konventionellen kieferorthopädischen Methoden korrigiert werden können (z. B. instabile Okklusion, insuffiziente Ästhetik)
- Sprachstörungen
- Kau- und Schluckstörungen
- Insuffiziente Korrektur oder instabiles Ergebnis nach vorausgegangener Behandlung
- Soziale oder psychologische Aspekte
- Mitbeteiligung der Kiefergelenke (Kiefergelenkerkrankung)
- Muskuläre Erkrankung (eine chirurgische Maßnahme kann hierbei hilfreich sein, falls eine reversible Okklusionsveränderung eine Schmerzbeseitigung bzw. -erleichterung ergibt)
- Parodontopathie
- Dentale Erkrankungen

**UNTERSUCHUNGEN**

*Notwendige Untersuchungen*
- Inspektion
- Palpation
- Erhebung des Zahnstatus mit orientierender Beurteilung des Zustandes des Zahnhalteapparates
- Erhebung eines Funktionsstatus der Kaumuskulatur, der Kiefergelenke und der Zunge
- Röntgen (Panoramaschichtaufnahme, posterior-anteriore Schädelaufnahme, Fernröntgenseitenaufnahme)
- Profildiagnostik
- Modellanalyse

Offener Biß    75

- Modelloperation (an den im Artikulator eingestellten Modellen wird die geplante Skelettverlagerung simuliert)

*Weiterführende Untersuchungen*
- Ergänzende Röntgenaufnahmen bei geplanter Osteotomie im Oberkiefer (Nasennebenhöhlen)
- Computertomographie
- 3-D-Computertomographie für die computergesteuerte Operationsplanung
- Registrierung der Unterkieferbewegungen
- Computergestützte Modellherstellung

**THERAPIE**

- LeFort-I-Osteotomie (mit oder ohne Segmentosteotomie)
- Oberkiefersegmentosteotomie
- Unterkieferosteotomie
- Unterkiefersegmentosteotomie
- Umgekehrte L-förmige Osteotomie mit Knochentransplantation
- Konturaugmentation und/oder -reduktion
- Auflagerungsosteoplastik (autogen, allogen, alloplastisch)
- Turbinoplastik und/oder Turbinoektomie
- Gegebenenfalls Septorhinoplastik

**RISIKOFAKTOREN**

- Vorhandene oder kürzlich entfernte, impaktierte Weisheitszähne
- Grad und Ausmaß der Deformität
- Noch nicht abgeschlossenes Knochenwachstum
- Grad der vorliegenden Kiefergelenkerkrankung und/oder muskulären Erkrankungen
- Gleichzeitig vorliegende Parafunktion, Habits (z. B. Bruxismus, Zungenbeißen, Fingerlutschen)
- Vorausgegangene Gewebeschädigung (metabolisch, Radiatio)

**KOMPLIKATIONEN**

- Schlechte Schluckfunktion
- Schlechte Okklusion
- Schlechte Sprache
- Behinderung der Atemwege
- Ästhetische Beeinträchtigung
- Beginn und/oder Auslösung einer Kiefergelenkerkrankung
- Neurologische Störung und/oder Schädigung (N. mandibularis)
- Fehlende Knochenheilung (verzögert oder Pseudarthrose)
- Verlust von Zähnen, Knochen und/oder Weichteilsubstanz
- Infektion (akut oder chronisch)

- Verletzung dentaler Strukturen
- Nachblutung
- Schmerz
- Behinderte Mundöffnung
- Auslösung von Parafunktionen, Habits

**EMPFEHLUNG**

Die Behandlung sollte unter stationären Bedingungen durchgeführt werden.

### 4.1.5 Mittelgesichtshypoplasie

**DEFINITION**

Die Unterentwicklung des Mittelgesichts, insbesondere des Oberkiefers, wird als Mittelgesichtshypoplasie bezeichnet. Auffallendes äußeres Kennzeichen kann die muldenförmige Abflachung des Mittelgesichts bzw. die Pseudoprogenie sein.

**THERAPIEZIELE**

- Verbesserung der muskuloskelettalen, dentoalveolären und/oder Weichteilverhältnisse
- Verbesserung der Kau- und Schluckfunktion
- Verbesserung der Okklusion
- Verbesserung der Sprache
- Ergänzung und/oder Ermöglichung einer kieferorthopädischen Behandlung
- Verbesserung und/oder Prophylaxe der dentalen und parodontalen Situation
- Verbesserung des sozialen und psychologischen Wohlbefindens
- Verbesserung und/oder Vorbeugung von Kiefergelenkerkrankungen und/oder muskulären Erkrankungen
- Verbesserung der Ästhetik

**THERAPIEINDIKATIONEN**

- Klinischer Hinweis auf muskuloskelettale, dentoalveoläre und/oder Weichteildeformität
- Röntgenologisch/bildgebender Beweis für muskuloskelettale, dentoalveoläre und/oder Weichteildeformität (Abweichung von der zephalometrischen Norm, andere sichtbare Abweichungen)
- Okklusions- oder Artikulationsstörungen, welche nicht mit konventionellen kieferorthopädischen Methoden korrigiert werden können (z. B. instabile Okklusion, insuffiziente Ästhetik)
- Sprachstörungen
- Kau- und Schluckstörungen

- Insuffiziente Korrektur oder instabiles Ergebnis nach vorausgegangener Behandlung
- Soziale oder psychologische Aspekte
- Mitbeteiligung der Kiefergelenke (Kiefergelenkerkrankung)
- Muskuläre Erkrankung (eine chirurgische Maßnahme kann hierbei hilfreich sein, falls eine reversible Okklusionsveränderung eine Schmerzbeseitigung bzw. -erleichterung ergibt)
- Parodontopathie
- Dentale Erkrankungen
- Verbesserung der Ästhetik

## UNTERSUCHUNGEN

*Notwendige Untersuchungen*
- Inspektion
- Palpation
- Erhebung des Zahnstatus mit orientierender Beurteilung des Zustandes des Zahnhalteapparates
- Erhebung eines Funktionsstatus der Kaumuskulatur, der Kiefergelenke und der Zunge
- Röntgen (Panoramaschichtaufnahme, posterior-anteriore Schädelaufnahme, Fernröntgenseitenaufnahme)
- Profildiagnostik
- Modellanalyse
- Modelloperation (an den im Artikulator eingestellten Modellen wird die geplante Skelettverlagerung simuliert)

*Weiterführende Untersuchungen*
- Ergänzende Röntgenaufnahmen bei geplanter Osteotomie im Oberkiefer (Nasennebenhöhlen)
- Computertomographie
- 3-D-Computertomographie für die computergesteuerte Operationsplanung
- Registrierung der Unterkieferbewegungen
- Computergestützte Modellherstellung

## THERAPIE

- Oberkiefersegmentosteotomie
- LeFort-I-Osteotomie (mit oder ohne Segmentosteotomie)
- LeFort-II- und/oder LeFort-III-Osteotomie

## ERGÄNZENDE MASSNAHMEN

- Auflagerungsosteoplastik (autogen, allogen, alloplastisch)
- Konturaugmentation und/oder -reduktion
- Septorhinoplastik

## Fehlbildungen und Entwicklungsstörungen

- Kinnplastik
- In Kombination mit Unterkieferosteotomie (bimaxillärer Eingriff)

**RISIKOFAKTOREN**

- Vorhandene oder kürzlich entfernte, impaktierte Weisheitszähne
- Grad und Ausmaß der Deformität
- Noch nicht abgeschlossenes Knochenwachstum
- Grad der vorliegenden Kiefergelenkerkrankung und/oder muskulären Erkrankungen
- Gleichzeitig vorliegende Parafunktion, Habits (z. B. Bruxismus, Zungenbeißen, Fingerlutschen)
- Vorausgegangene Gewebeschädigung (metabolisch, Radiatio)

**KOMPLIKATIONEN**

- Schlechte Schluckfunktion
- Schlechte Okklusion
- Schlechte Sprache
- Luftpassagebehinderung
- Ästhetische Beeinträchtigung
- Beginn und/oder Auslösung einer Kiefergelenkerkrankung
- Neurologische Störung und/oder Schädigung (N. mandibularis)
- Fehlende Knochenheilung (verzögert oder Pseudarthrose)
- Verlust von Zähnen, Knochen und/oder Weichteilsubstanz
- Infektion (akut oder chronisch)
- Verletzung dentaler Strukturen
- Nachblutung
- Schmerz
- Behinderte Mundöffnung
- Auslösung von Parafunktionen, Habits

**EMPFEHLUNG**

Die Behandlung sollte unter stationären Bedingungen durchgeführt werden.

### 4.2 Lippen-, Kiefer- und Gaumenspalten

Die Lippen-, Kiefer- und Gaumenspalten zählen zu den häufigsten angeborenen Fehlbildungen. Sie treten mit einer großen Variationsbreite isoliert oder mit anderen Entwicklungsanomalien kombiniert auf. Sie entstehen durch die fehlende embryonale Vereinigung der Nasenwülste mit dem Oberkieferfortsatz bzw. der Gaumenfortsätze mit dem Zwischenkieferfortsatz und dem Nasenseptum. Lippen-, Kiefer- und Gaumenspalten können partiell oder total einseitig oder beidseitig auftreten. Wegen der Komplexität der Symptomatik sollten die

Patienten durch ein eng kooperierendes Ärzteteam interdisziplinär betreut werden. In Abhängigkeit vom vorliegenden Defekt sollten hierzu ein Mund-, Kiefer- und Gesichtschirurg, ein Kieferorthopäde, ein HNO-Arzt, ein Logopäde, ein Phoniater, ein Kinderarzt und ein Psychotherapeut gehören.

## 4.2.1 Lippenspalten

**DEFINITION**

Bei den Lippenspalten unterscheidet man ein- und doppelseitige Spalten. Weiterhin wird zwischen unvollständigen und vollständigen Lippenspalten unterschieden. Bei den unvollständigen Spalten liegt eine unterschiedlich ausgeprägte Einkerbung im Bereich des Lippenrots und/oder im Lippenweiß vor. Bei der vollständigen Lippenspalte ist die gesamte Oberlippe, d. h. Lippenrot und Lippenweiß gespalten. Im Falle einer doppelseitigen Lippenspalte ist die Oberlippe in drei Teile geteilt, wobei der mittlere Teil dem Zwischenkiefer entspricht.

**THERAPIEZIELE**

- Herstellung der anatomischen Strukturen
- Herstellung der Lippenfunktion und Ästhetik
- Herstellung der Nasenform und -funktion
- Begrenzung der Wachstumsbehinderung
- Verbesserung des Alveolarfortsatzwachstums
- Verbesserung des ästhetischen Erscheinungsbildes
- Minimale Narbenbildung

**THERAPIEINDIKATIONEN**

- Klinisches Vorliegen einer Lippenspalte mit ästhetischer und/oder funktioneller Lippendeformität
- Ästhetische und/oder funktionelle Nasendeformität
- Alveolarfortsatzdeformität

**UNTERSUCHUNGEN**

*Notwendige Untersuchungen*
- Inspektion
- Palpation
- Ausschluß weiterer Fehlbildungen

*Weiterführende Untersuchungen*
- Genetische Untersuchungen
- Pädaudiologische Untersuchung
- Photodokumentation
- Modelldokumentation

## THERAPIE

*Operative Therapie*
- Lippenspaltenverschluß innerhalb der ersten 6 Lebensmonate

## ERGÄNZENDE MASSNAHMEN

- Präoperative kieferorthopädische Betreuung
- Pädaudiologische Betreuung
- Beratung der Eltern

## RISIKOFAKTOREN

- Bestehende Luftpassagebehinderung
- Hämorrhagie
- Gleichzeitig bestehende kraniofaziale Dysmorphie
- Neigung zur Keloid- und/oder hypertrophen Narbenbildung
- Begleiterkrankungen

## KOMPLIKATIONEN

- Wunddehiszenz
- Deformität von Weichgeweben
- Narben- und/oder Keloidbildung
- Schlechte Weichgewebequalität (z. B. Pigmentation, Textur)
- Infektion
- Hautnekrosen
- Funktionsstörungen
- Subkutane Atrophie
- Asymmetrie

## EMPFEHLUNG

Der Lippenverschluß sollte während der ersten 6 Lebensmonate durchgeführt werden. Der Eingriff sollte stationär in einem ausgewiesenen Spaltzentrum stattfinden. Nachkontrollen im Rahmen einer interdisziplinären Sprechstunde sind erforderlich.

### 4.2.2 Lippen-Kiefer-Spalten

#### DEFINITION

Bei den Lippen-Kiefer-Spalten unterscheidet man einseitige und doppelseitige Spalten. Das äußere klinische Erscheinungsbild gleicht den Lippenspalten. Aufgrund der teilweise erheblichen Spaltung des Kiefers fehlt der vordere Anteil des Nasenbodens. Bei doppelseitigen Spalten ist der Zwischenkiefer vollständig isoliert und lediglich am Vomer und am Nasenseptum fixiert. Der Gaumen ist bei diesen Spalten intakt.

**THERAPIEZIELE**

- Herstellung der anatomischen Strukturen
- Herstellung der Lippenfunktion und Ästhetik
- Herstellung der Nasenform und -funktion
- Begrenzung der Wachstumsbehinderung
- Nasenbodenbildung
- Herstellung der Form des Alveolarfortsatzes für die bleibenden Zähne
- Sicherung des Zahndurchbruchs
- Steuerung des Oberkieferwachstums
- Beseitigung einer oronasalen Perforation
- Verbesserung des ästhetischen Erscheinungsbildes der Lippe (nasolabiale Unterstützung)
- Verbesserung der Sprache und Artikulation
- Stabilisierung des Zwischenkiefers bei doppelseitigen Kieferspalten
- Verbesserung der prothetischen Situation
- Minimale Narbenbildung

**THERAPIEINDIKATIONEN**

- Klinisches Vorliegen einer Lippen-Kiefer-Spalte mit ästhetischer und/oder funktioneller Deformität
- Ästhetische und/oder funktionelle Nasendeformität
- Alveolarfortsatzdeformität
- Knochendefizit für den Zahndurchbruch
- Präimplantologisch
- Knochendefizit für kieferorthopädische Maßnahmen
- Oronasale Perforation
- Sprachbehinderung
- Ästhetisch beeinträchtigende Lippen- und Zahndeformität/-fehlstellung
- Mobilität des Zwischenkiefers
- Fehlender Alveolarfortsatz für die prothetische Versorgung

**UNTERSUCHUNGEN**

*Notwendige Untersuchungen*
- Inspektion
- Palpation
- Kieferorthopädische Untersuchung
- Pädaudiologische Untersuchung
- Logopädische Untersuchung
- Ausschluß weiterer Fehlbildungen

*Weiterführende Untersuchungen*
- Röntgen
- Fernröntgenanalyse
- Computertomographie bei komplizierten Fällen
- Genetische Untersuchung
- Photodokumentation
- Modelldokumentation

**THERAPIE**

*Konservative Therapie*
- Kieferorthopädische Vorbehandlung
- Prothetische Versorgung

*Operative Therapie*
- Plastischer Verschluß
- Osteoplastik
- Operative Eingliederung eines kieferorthopädischen Gerätes

**ERGÄNZENDE MASSNAHMEN**

- Pädaudiologische Betreuung
- Beratung der Eltern

**RISIKOFAKTOREN**

- Bestehende Luftpassagebehinderung
- Hämorrhagie
- Gleichzeitig bestehende kraniofaziale Dysmorphie
- Neigung zur Keloid- und/oder hypertrophen Narbenbildung
- Begleiterkrankungen

**KOMPLIKATIONEN**

- Wunddehiszenz
- Gewebenekrose
- Deformität von Weichgeweben
- Narben- und/oder Keloidbildung
- Schlechte Weichgewebequalität (z. B. Pigmentation, Textur)
- Infektion
- Hautnekrosen
- Funktionsstörungen
- Subkutane Atrophie
- Asymmetrie

EMPFEHLUNG

Der Eingriff sollte stationär in einem ausgewiesenen Spaltzentrum durchgeführt werden. Nachkontrollen im Rahmen einer interdisziplinären Sprechstunde sind erforderlich.

### 4.2.3 Gaumenspalten

DEFINITION

Isolierte Gaumenspalten liegen aufgrund der embryonalen Gaumenentwicklung in der Mittellinie. Vollständige Gaumenspalten beginnen direkt hinter dem Zwischenkiefer, unvollständige Gaumenspalten beginnen zwischen dem Foramen incisivum und dem Hinterrand des harten Gaumens, wobei der gesamte weiche Gaumen mitgespalten ist. Isolierte Spalten im Bereich des harten Gaumens sind stets doppelseitig und ohne Verbindung zum Vomer. Bei der Velumspalte ist nur die Gaumensegelmuskulatur betroffen. Es gibt fließende Übergänge von der Uvula bifida bis zur Spaltung des gesamten weichen Gaumens, wobei sich die Spalte oft submukös bis in den Bereich des harten Gaumens fortsetzt.

THERAPIEZIELE

- Wiederherstellung der anatomischen Strukturen
- Begrenzung der Wachstumsbehinderung
- Verbesserung der Sprachentwicklung
- Verbesserung der Nahrungsaufnahme
- Erhalt der nasalen Funktion
- Verbesserung der Mittelohrbelüftung und Mittelohrfunktion
- Reduzierung des negativen Einflusses auf das Schädelwachstum

THERAPIEINDIKATIONEN

- Vorliegen einer Gaumenspalte
- Sprachbehinderung
- Ernährungsstörung
- Otitis media mit Ergußbildung und/oder Hörstörung
- Störung der Nahrungsaufnahme
- Störung der nasalen Funktion
- Störung der Tubenbelüftung

UNTERSUCHUNGEN

*Notwendige Untersuchungen*
- Inspektion
- Palpation

- Kieferorthopädische Untersuchung
- Pädaudiologische Untersuchung
- Logopädische Untersuchung
- Ausschluß weiterer Fehlbildungen

*Weiterführende Untersuchungen*
- Röntgen
- Computertomographie bei komplizierten Fällen
- Fernröntgenanalyse
- Modellanalyse
- Genetische Untersuchung

**THERAPIE**

*Konservative Therapie*
- Kieferorthopädische Vorbehandlung
- HNO-ärztliche Behandlung
- Logopädische Vorbehandlung

*Operative Therapie*
- Primärer Verschluß von hartem und weichem Gaumen, ggf. mit regionärem Lappen
- Verschluß des weichen Gaumens mit sekundärem Verschluß des harten Gaumens
- Osteoplastik
- Parazentese

**RISIKOFAKTOREN**

- Bestehende Luftpassagebehinderung
- Hämorrhagie
- Gleichzeitig bestehende kraniofaziale Dysmorphie
- Neigung zur Keloid- und/oder hypertrophen Narbenbildung
- Begleiterkrankungen

**KOMPLIKATIONEN**

- Wunddehiszenz
- Gewebenekrose
- Deformität von Weichgeweben
- Narben- und/oder Keloidbildung
- Schlechte Weichgewebequalität
- Infektionen
- Sprachstörung
- Atmungsbehinderung
- Dentitionsstörung

- Sensible und/oder motorische Funktionsstörungen
- Störung der Tubenventilation

**EMPFEHLUNG**

Der Gaumenverschluß sollte so früh wie möglich und so spät wie nötig erfolgen. Der exakte Operationszeitpunkt wird in Abhängigkeit vom Entwicklungsstand, systemischen Faktoren und der Sprachentwicklung festgelegt. Submuköse Spalten sollten in Abhängigkeit von der Sprachentwicklung behandelt werden. Der Eingriff sollte stationär in einem ausgewiesenen Spaltzentrum durchgeführt werden. Nachkontrollen im Rahmen einer interdisziplinären Sprechstunde sind erforderlich.

## 4.2.4 Lippen-Kiefer-Gaumen-Spalten

**DEFINITION**

Bei der Lippen-Kiefer-Gaumen-Spalte ist neben einer vollständigen Lippenspalte und einem gespaltenen Kiefer auch der gesamte Gaumen einseitig gespalten. Hier fehlt auch der knöcherne Nasenboden. Die Lippen-Kiefer-Gaumen-Spalten können sowohl einseitig als auch doppelseitig auftreten. Die einseitige vollständige Lippen-Kiefer-Gaumen-Spalte ist die häufigste Spaltenform.

**THERAPIEZIELE**

- Herstellung der anatomischen Strukturen
- Herstellung der Lippenfunktion und Ästhetik
- Herstellung der Nasenform und -funktion
- Begrenzung der Wachstumsbehinderung
- Nasenbodenbildung
- Herstellung der Form des Alveolarfortsatzes für die bleibenden Zähne
- Sicherung des Zahndurchbruchs
- Steuerung des Oberkieferwachstums
- Beseitigung einer oronasalen Perforation
- Verbesserung des ästhetischen Erscheinungsbildes der Lippe (nasolabiale Unterstützung)
- Verbesserung der Sprache und Artikulation
- Stabilisierung des Zwischenkiefers bei doppelseitigen Kieferspalten
- Verbesserung der prothetischen Situation
- Minimale Narbenbildung
- Verbesserung der Nahrungsaufnahme
- Verbesserung der Mittelohrbelüftung und Mittelohrfunktion
- Reduzierung des negativen Einflusses auf das Schädelwachstum

**THERAPIEINDIKATIONEN**

- Klinisches Vorliegen einer Lippen-Kiefer-Gaumen-Spalte mit ästhetischer und/oder funktioneller Deformität
- Ästhetische und/oder funktionelle Nasendeformität
- Alveolarfortsatzdeformität
- Sprachbehinderung
- Ernährungsstörung
- Otitis media mit Ergußbildung und/oder Hörstörung
- Ästhetisch beeinträchtigende Lippen- und Zahndeformität/-fehlstellung
- Mobilität des Zwischenkiefers
- Knochendefizit für den Zahndurchbruch
- Fehlender Alveolarfortsatz für die prothetische Versorgung
- Präimplantologisch
- Knochendefizit für kieferorthopädische Maßnahmen

**UNTERSUCHUNGEN**

*Notwendige Untersuchungen*
- Inspektion
- Palpation
- Kieferorthopädische Untersuchung
- Pädaudiologische Untersuchung
- Logopädische Untersuchung
- Ausschluß weiterer Fehlbildungen

*Weiterführende Untersuchungen*
- Röntgen
- Fernröntgenanalyse
- Computertomographie bei komplizierten Fällen
- Genetische Untersuchung
- Photodokumentation
- Modelldokumentation

**THERAPIE**

*Konservative Therapie*
- Kieferorthopädische Vorbehandlung
- Prothetische Versorgung

*Operative Therapie*
- Plastischer Verschluß
- Parazentese
- Osteoplastik
- Operative Eingliederung eines kieferorthopädischen Gerätes

ERGÄNZENDE MASSNAHMEN

- Pädaudiologische Betreuung
- Beratung der Eltern

RISIKOFAKTOREN

- Bestehende Luftpassagebehinderung
- Hämorrhagie
- Gleichzeitig bestehende kraniofaziale Dysmorphie
- Neigung zur Keloid- und/oder hypertrophen Narbenbildung
- Begleiterkrankungen

KOMPLIKATIONEN

- Wunddehiszenz
- Gewebenekrose
- Deformität von Weichgeweben
- Narben- und/oder Keloidbildung
- Schlechte Weichgewebequalität (z. B. Pigmentation, Textur)
- Infektion
- Sprachstörung
- Atmungsbehinderung
- Dentitionsstörung
- Hautnekrosen
- Funktionsstörungen
- Subkutane Atrophie
- Asymmetrie

EMPFEHLUNG

Der Lippenverschluß sollte während der ersten 6 Lebensmonate durchgeführt werden. Der Gaumenverschluß erfolgt später und sollte so früh wie möglich und so spät wie nötig erfolgen. Der exakte Operationszeitpunkt wird in Abhängigkeit vom Entwicklungsstand, systemischen Faktoren und der Sprachentwicklung festgelegt. Der Eingriff sollte stationär in einem ausgewiesenen Spaltzentrum durchgeführt werden. Nachkontrollen im Rahmen einer interdisziplinären Sprechstunde sind erforderlich.

## 4.2.5 Velopharyngeale Funktionsstörungen

DEFINITION

Gelingt es nicht, mit den Techniken des primären Velumspaltverschlusses ein ausreichend langes und gut bewegliches Velum sowie einen sicheren velum-

88  Fehlbildungen und Entwicklungsstörungen

pharyngealen Abschluß zu erzielen, so spricht man von einer velopharyngealen Funktionsstörung.

**THERAPIEZIELE**

- Erwerb einer normalen Sprach- und Schluckfunktion
- Beseitigung einer nasalen und Vermeidung einer hyponasalen Sprache
- Erzielen einer normalen respiratorischen Funktion
- Vermeidung einer Behinderung des kraniofazialen Wachstums

**THERAPIEINDIKATIONEN**

- Nasalität, welche die normale Kommunikation behindert bzw. sich durch eine Sprachtherapie nicht verbessern läßt
- Klinischer Nachweis einer velopharyngealen Funktionsstörung (Endoskopie, Videofluoroskopie, Druckmessung)
- Hypernasale Sprache aufgrund einer sekundären palatinalen Fistel
- Vergrößerte Tonsillen, welche eine normale velopharyngeale Funktion behindern

**UNTERSUCHUNGEN**

*Notwendige Untersuchungen*
- Inspektion
- Palpation
- Pädaudiologische Untersuchung
- Logopädische Untersuchung
- Ausschluß weiterer Fehlbildungen

*Weiterführende Untersuchungen*
- Röntgen
- Computertomographie bei komplizierten Fällen
- Fernröntgenanalyse
- Genetische Untersuchung
- Nasale Endoskopie
- Videoendoskopie
- Druckmessung

**THERAPIE**

*Konservative Therapie*
- Logopädische Therapie
- Kieferorthopädische Therapie
- Prothetische Therapie
- HNO-ärztliche Therapie

*Operative Therapie*
- Pharyngealer Lappen
- Pharyngoplastik
- Implantat in die Pharynxwand
- Pushback-Palato-Plastik
- Tonsillektomie oder Adenektomie in Kombination mit einem pharyngealen Lappen
- Verschluß einer Restperforation

**RISIKOFAKTOREN**

- Bestehende Luftpassagebehinderung
- Hämorrhagie
- Gleichzeitig bestehende kraniofaziale Dysmorphie
- Neigung zur Keloid- und/oder hypertrophen Narbenbildung
- Begleiterkrankungen

**KOMPLIKATIONEN**

- Wunddehiszenz
- Gewebenekrose
- Deformität von Weichgeweben
- Narben- und/oder Keloidbildung
- Schlechte Weichgewebequalität
- Infektion
- Funktionsstörungen

**EMPFEHLUNG**

Die Behandlungsplanung und Entscheidung zur chirurgischen Intervention sollte von einem interdisziplinären Behandlerteam einschließlich eines Sprachtherapeuten getroffen werden. Der Eingriff sollte stationär in einem ausgewiesenen Spaltzentrum durchgeführt werden. Nachkontrollen im Rahmen einer interdisziplinären Sprechstunde sind erforderlich.

## 4.2.6 Spaltbedingte Nasendeformitäten

**DEFINITION**

Spaltbedingte Nasendeformitäten treten außer bei der isolierten Gaumenspalte bei allen Spalten auf. Das Ausmaß der Nasendeformität ist von der Spaltausprägung und Lokalisation abhängig.

**THERAPIEZIELE**

- Verbesserung der Nasenfunktion
- Verbesserung der Ästhetik

- Verbesserung der Nasenform
- Verbesserung der Symmetrie

**THERAPIEINDIKATIONEN**

- Kosmetische Nasendeformität
- Funktionelle Nasendeformität (Nasenatmungsbehinderung)
- Psychische Beeinträchtigung

**UNTERSUCHUNGEN**

*Notwendige Untersuchungen*
- Inspektion
- Palpation
- Prüfung der Nasenfunktion
- Ausschluß weiterer Fehlbildungen

*Weiterführende Untersuchung*
- Röntgen in 2 Ebenen
- Rhinospirometrie

**THERAPIE**

- Korrektur der knöchernen Nase
- Korrektur der knorpeligen Anteile der Nase
- Korrektur der dermalen Anteile der Nase
- Columellaverlängerung
- Naseneingangskorrektur
- Nasenflügelkorrektur
- Nasenseptumkorrektur
- Nasenspitzenkorrektur

**RISIKOFAKTOREN**

- Bestehende Luftpassagebehinderung
- Hämorrhagie
- Gleichzeitig bestehende kraniofaziale Dysmorphie
- Neigung zur Keloid- und/der hypertrophen Narbenbildung
- Begleiterkrankungen

**KOMPLIKATIONEN**

- Wunddehiszenz
- Deformität von Weichgeweben
- Narben- und/oder Keloidbildung
- Schlechte Weichgewebequalität (z. B. Pigmentation, Textur)
- Infektion

- Hautnekrosen
- Funktionsstörungen
- Subkutane Atrophie
- Asymmetrie

**EMPFEHLUNG**

Schon beim primären Lippenverschluß sollte auf eine entsprechende Korrektur der Nasendeformität geachtet werden. Die operativen Eingriffe an den Weichgeweben und den knorpeligen Anteilen können noch vor der Einschulung durchgeführt werden, wobei die knöcherne Nase möglichst am Ende des Wachstums korrigiert werden sollte. Der Eingriff sollte stationär in einem ausgewiesenen Spaltzentrum durchgeführt werden. Nachkontrollen im Rahmen einer interdisziplinären Sprechstunde sind erforderlich.

## 4.3 Kraniofaziale Fehlbildungen

**DEFINITION**

Unter kraniofazialen Fehlbildungen versteht man prämature Schädelnahtsynostosen, Gesichtsspalten, Meningo(enzephalo)zelen und andere angeborene Fehlbildungen im kraniofazialen Bereich, welche u. a. auch die knöcherne Orbita mitbetreffen können.

**THERAPIEZIELE**

- Korrektur von Form und Funktion des kraniofazialen Bereichs (einschließlich Orbitae)
- Vermeidung von funktionellen Störungen
- Normale psychische, motorische und soziale Entwicklung

**THERAPIEINDIKATIONEN**

- Klinisch oder bildgebender Nachweis einer knöchernen Fehlbildung
- Hirndruckzeichen
- Visusstörung
- Gefahr des Visusverlustes
- Stauungspapille, Optikusatrophie
- Neurologische Symptome
- Psychische und motorische Entwicklungsstörung
- Gesichtsdeformität
- Hinterkopfdeformität
- Mittelgesichtshypoplasie
- Exophtalmus
- Telekhantus

- Keratokonjunktivitis
- Gestörte Nasenatmung
- Störung des stomatognathen Systems
- Pseudoprogenie
- Funktionelle und ästhetische Störung

**UNTERSUCHUNGEN**

*Notwendige Untersuchungen*
- Inspektion
- Palpation
- Röntgen
- Interdisziplinäre Untersuchung (Neurochirurg, Augenarzt, HNO-Arzt, Kinderarzt)

*Weiterführende Untersuchungen*
- 3-D-Computertomographie
- Magnetresonanztomographie
- Modellherstellung
- Hirndruckmessung

**THERAPIE**

*Operative Therapie*
Die kraniofazialen Operationen sollten von einem Team aus Mund-, Kiefer- und Gesichtschirurgen und Neurochirurgen durchgeführt werden.
- Frontoorbitale Osteotomie (in der 2. Hälfte des 1. Lebensjahres, bei Hirndruckzeichen früher)
- Partielle oder totale Kraniektomie (in den ersten Lebenswochen bei Hirndrucksymptomatik)
- LeFort-III-Osteotomie bei Mittelgesichtshypoplasie
- Kalottenmodellierung
- Plastische Weichteilkorrektur
- Osteoplastik
- Distraktion

**ERGÄNZENDE MASSNAHMEN**
- Masken
- Helme

**RISIKOFAKTOREN**
- Voroperationen
- Begleiterkrankungen
- Luftpassagebehinderung

- Stark erhöhter intrakranieller Druck
- Alter des Patienten
- Blutungsneigung
- Begleiterkrankungen

KOMPLIKATIONEN

- Liquorfistel
- Liquorzirkulationsstörung
- Dead-space-Bildung
- Neurologische Störungen
- Hirnverletzungen
- Visusverlust
- Funktionsstörung des Ductus nasolacrimalis
- Entzündung
- Wundheilungsstörung
- Nekrose

EMPFEHLUNG

Die kraniofazialen Operationen sollten von einem Team aus Mund-, Kiefer- und Gesichtschirurgen und Neurochirurgen durchgeführt werden.

## 4.4 Orbitadystopien

DEFINITION

Orbitadystopien können im Rahmen von Gesichtsspalten, Meningo(enzephalo)zelen, kongenitalen orbitalen Gefäßanomalien, angeborenen Orbitatumoren (Teratome, Hamartome) und einseitigen Nahtsynostosen auftreten. Sie sind gekennzeichnet durch Änderung von Größe, Form und Lage der Orbitae und des Auges.

THERAPIEZIELE

- Herstellung der Form, Lage und Symmetrie der Orbitae
- Normalisierung des interorbitalen Abstandes
- Verbesserung der Augenlidfunktion
- Verbesserung der Sehfunktion und des Visus

THERAPIEINDIKATIONEN

- Klinischer und bildgebender Nachweis einer Orbitadystopie
- Funktionelle und ästhetische Störungen
- Mangelnder Lidschluß

- Keratokonjunktivitis
- Diplopie
- Psychische Entwicklungsstörungen

**UNTERSUCHUNGEN**

*Notwendige Untersuchungen*
- Inspektion
- Palpation
- Interdisziplinäre Untersuchung (Augenarzt, HNO-Arzt)
- Photodokumentation
- Röntgen

*Weiterführende Untersuchungen*
- 3-D-Computertomographie
- Magnetresonanztomographie

**THERAPIE**

- Frontoorbitales Advancement (bei Kraniosynostosen)
- Osteotomie der Orbitae bei orbitaler Dystopie (Hypertelorismusoperation)
- Facial-bipartition-Operation
- Erweiterung der Augenhöhle (konservativ, operativ)

**RISIKOFAKTOREN**

- Voroperationen
- Begleiterkrankungen
- Luftpassagebehinderung
- Blutungsneigung
- Alter des Patienten
- Begleiterkrankungen

**KOMPLIKATIONEN**

- Anosmie
- Diplopie
- Infektion
- Neurologische Störungen
- Tränendrüsenfunktion
- Telekanthus
- Kanthusdystopie
- Erblindung
- Funktionsstörung des Ductus nasolacrimalis
- Zahnkeimschädigung

EMPFEHLUNG

Die kraniofazialen Operationen sollten von einem Team aus Mund-, Kiefer- und Gesichtschirurgen und Neurochirurgen durchgeführt werden.

# 5 Pathologische Gewebeveränderungen

**EINLEITUNG**

Pathologische Veränderungen im Mund-, Kiefer- und Gesichtsbereich können den Knochen, die Weichgewebe, Lymphknoten oder Speicheldrüsen betreffen. Hierbei kann es sich um Zysten, benigne oder maligne Tumoren, Infektionen, Stoffwechselerkrankungen oder Funktionsstörungen handeln. Die Behandlung kann chirurgisch und/oder nichtchirurgisch erfolgen, funktionell und/oder palliativ sein.

Die Behandlungsrichtlinien dieser Erkrankungen basieren auf dem heutigen Wissensstand, welcher sich kontinuierlich erweitert. Ein besseres Verständnis der Ursachen, des Verlaufs und der Prognose dieser Erkrankung wird auch in Zukunft eine Veränderung bei den Diagnose- und Behandlungsrichtlinien mit sich bringen. Aufgrund der Komplexität vieler Erkrankungen können die hier vorliegenden Richtlinien nur als Grundlage dienen. Sie müssen individuell auf den einzelnen Patienten und seine Erkrankung in bezug auf die diagnostischen Maßnahmen und die geplanten Behandlungsschritte abgestimmt werden.

## 5.1 Knochenzysten

**DEFINITION**

Knochenzysten können odontogen oder nichtodontogen sein. Hinzu kommen Befunde, welche aufgrund der histologischen Charakteristika eigentlich nicht als Zysten bezeichnet werden können (z. B. idiopathische Knochenkavität, traumatische Knochenzysten, sog. Pseudozysten).

**THERAPIEZIELE**

- Entfernung der Zyste
- Wiederherstellung der Funktion
- Wiederherstellung der Form
- Erhalt wichtiger Strukturen
- Verhinderung eines Rezidivs
- Verhinderung einer malignen Entartung

## Pathologische Gewebeveränderungen

**THERAPIEINDIKATIONEN**

Bei der Indikation zur Therapie muß zwischen Zufallsbefunden, die klinisch keinerlei Symptomatik bieten, und Befunden mit klinischer Symptomatik unterschieden werden.
- Klinischer Nachweis einer Zyste
- Schmerz
- Deformität im Sinne von Schwellung oder Expansion
- Funktionsstörung
- Nervenfunktionsstörung
- Fistelbildung
- Strukturauflösung oder Verdrängung benachbarter Organstrukturen
- Farbveränderungen
- Krepitation
- Pathologische Fraktur
- Veränderung der Knochendichte und/oder Radioluszenz

**UNTERSUCHUNGEN**

*Notwendige Untersuchungen*
- Inspektion
- Palpation
- Vitalitätsprüfung
- Sensibilitätsprüfung
- Röntgen
- Histologische Diagnosesicherung (Biopsie, Feinnadelaspiration)

*Weiterführende Untersuchungen*
- Röntgen in 2. Ebene
- Sonographie
- Computertomographie
- Szintigraphie
- Weitergehende klinische und bildgebende Diagnostik bei Verdacht auf systemischen Organbefall

**THERAPIE**

*Konservative Therapie*
- Verlaufsbeobachtung klinisch
- Verlaufsbeobachtung mittels bildgebender Verfahren
- Punktion

*Operative Therapie*
Die Zystektomie ist das primäre Therapieziel.
Zystektomien bei:
- Zysten, welche zum Rezidiv neigen,
- Zysten, die potentiell maligne entarten können.

Zystostomie bei:
- Patienten, bei denen aufgrund allgemeinmedizinischer Gründe eine Zystektomie nicht möglich ist,
- großen Zysten, bei denen sonst die Gefahr von Verletzung benachbarter Organstrukturen besteht,
- großen Zysten, bei denen sonst die Gefahr einer pathologischen Fraktur besteht,
- großen Zysten, bei denen eine primäre Wundheilung nicht zu erwarten ist.

**ERGÄNZENDE MASSNAHMEN**

- Ruhigstellung, um die Gefahr einer pathologischen Fraktur zu reduzieren (z. B. intermaxilläre Fixation, Kopf-Kinn-Kappe)
- Auffüllen des Knochendefektes mittels autogenem, allogenem oder alloplastischem Material
- Nachkontrollen

**RISIKOFAKTOREN**

- Infektion
- Vorgeschädigtes Gewebe (Knochen, Weichgewebe)
- Durchblutungsstörungen
- Begleiterkrankungen

**KOMPLIKATIONEN**

- Zystenrezidiv
- Pathologische Fraktur
- Maligne Entartung
- Funktionsstörung
- Deformität des Knochens
- Störung der Struktur und Form
- Verlust oder Verletzung von benachbarten Organstrukturen
- Infektion

**EMPFEHLUNG**

Die Therapie kann in der Regel ambulant in Lokalanästhesie durchgeführt werden. Unter Umständen kann auch eine stationäre Behandlung in Vollnarkose indiziert sein.

## 5.2 Osteomyelitis

**DEFINITION**

Unter Osteomyelitis versteht man eine disseminierte Infektion des Markraumes im Knochen.

**THERAPIEZIELE**

- Beseitigung der Infektion
- Wiederherstellung der Funktion
- Wiederherstellung der Form
- Erhalt der Strukturen
- Rezidivprophylaxe
- Vermeidung des Überganges von einer akuten in eine chronische Osteomyelitis
- Frakturprophylaxe
- Ursachenbeseitigung
- Vermeidung der Ausbreitung

**THERAPIEINDIKATIONEN**

Bei der Indikation zur Therapie muß zwischen Zufallsbefunden, die klinisch keinerlei Symptomatik bieten, und Befunden mit klinischer Symptomatik unterschieden werden.
- Klinisches Vorliegen einer Osteomyelitis
- Schmerz
- Schwellung
- Ödem
- Weichgewebeinduration
- Fluktuation
- Fötor
- Infektion (Pus)
- Fistelung
- Granulationsgewebebildung
- Freiliegender Knochen
- Sequesterbildung
- Knochendestruktion/Osteolyse
- Veränderte Knochendichte und/oder Radiopazität
- Pathologische Fraktur
- Szintigraphische Mehrspeicherung
- Sensibilitätsstörung
- Funktionsstörung
- Fieber
- Trismus

- Kältegefühl
- Okklusionsstörung
- Erhöhte Zahnmobilität
- Lymphadenitis
- Lymphangitis

UNTERSUCHUNGEN

*Notwendige Untersuchungen*
- Inspektion
- Palpation
- Vitalitätsprüfung
- Sensibilitätsprüfung
- Röntgen
- Szintigraphie

*Weiterführende Untersuchungen*
- Computertomographie
- Magnetresonanztomographie
- Positronenemissionstomographie
- Sonographie
- Histologische Diagnosesicherung (Biopsie, Feinnadelbiopsie)
- Abstrich

THERAPIE

*Konservative Therapie*
- Antibiotikatherapie
- Hyperbare Sauerstofftherapie
- Spül-/Saugdrainagen
- Lokale Wundpflege
- Verlaufskontrolle

*Operative Therapie*
- Inzision
- Drainage
- Sequestrotomie
- Débridement
- Dekortikation
- Extraktion mitbeteiligter Zähne
- Entfernung nekrotischer Knochenanteile
- Knochenanfrischung bis zum vitalen Knochengewebe
- Partielle oder Kontinuitätsresektion
- Plastische Rekonstruktion
- Frakturstabilisierung

**RISIKOFAKTOREN**

- Durchblutungsstörung
- Resistenzschwäche
- Vorgeschädigtes Gewebe (Knochen, Weichgewebe)
- Begleiterkrankungen
- Nähe zu relevanten Organstrukturen
- Virulenz der Erreger

**KOMPLIKATIONEN**

- Pathologische Fraktur
- Ausgedehnte Knochenverluste
- Persistierende Osteomyelitis
- Beeinträchtigung der Kaufunktion
- Persistierende Infektion
- Verletzung und/oder Verlust benachbarter Organstrukturen (z. B. Vincent-Symptom)
- Mitbeteiligung und/oder Verlust von Zähnen
- Parodontale Erkrankung
- Ausbreitung der Infektion (regional/diffus)
- Antibiotikaresistenz
- Übergang in ein chronisch disseminiertes Stadium

**EMPFEHLUNG**

Die Therapie darf nicht zu früh abgebrochen werden. Unter Umständen ist eine stationäre Behandlung erforderlich.

## 5.3 Osteoradionekrose

**DEFINITION**

Knochen, welcher aufgrund einer Behandlung mit hochenergetischen Strahlen, meist im Rahmen einer Tumortherapie, devaskularisiert ist. Der strahlengeschädigte Knochen ist aufgrund des Verlustes des Abwehrvermögens gegen ubiquitäre Keime der Mundhöhle einer höheren Infektionsgefahr ausgesetzt. Diese Form der Osteomyelitis wird als infizierte Osteoradionekrose bezeichnet.

**THERAPIEZIELE**

- Schmerzbeseitigung
- Deckung von freiliegendem Knochen
- Erhalt des Knochens
- Wiederherstellung der Form

- Wiederherstellung der Funktion
- Erhalt benachbarter Organstrukturen
- Prophylaxe eines Rezidivs
- Vermeidung einer Infektion

**THERAPIEINDIKATIONEN**

Bei der Indikation zur Therapie muß zwischen Zufallsbefunden, die klinisch keinerlei Symptomatik bieten, und Befunden mit klinischer Symptomatik unterschieden werden.
- Klinisches Vorliegen einer Osteoradionekrose
- Zustand nach Radiotherapie
- Schmerz
- Schwellung
- Ödem
- Weichgewebeinduration
- Fluktuation
- Fötor
- Infektion (Pus)
- Fistelung
- Granulationsgewebebildung
- Freiliegender Knochen
- Sequesterbildung
- Knochendestruktion/Osteolyse
- Veränderte Knochendichte und/oder Radiopazität
- Pathologische Fraktur
- Szintigraphische Mehrspeicherung
- Sensibilitätsstörung
- Funktionsstörung
- Fieber
- Trismus
- Kältegefühl
- Okklusionsstörung
- Erhöhte Zahnmobilität
- Zahnhartsubstanzzerstörung
- Lymphadenitis
- Lymphangitis

**UNTERSUCHUNGEN**

*Notwendige Untersuchungen*
- Inspektion
- Palpation
- Vitalitätsprüfung
- Sensibilitätsprüfung

- Röntgen
- Szintigraphie

*Weiterführende Untersuchungen*
- Computertomographie
- Magnetresonanztomographie
- Positronenemissionstomographie
- Sonographie
- Histologische Diagnosesicherung (Biopsie, Feinnadelbiopsie)
- Abstrich

**THERAPIE**

*Konservative Therapie*
- Antibiotikatherapie bei sekundären Infektionen
- Hyperbare Sauerstofftherapie
- Spül-/Saugdrainagen
- Lokale Wundpflege
- Verlaufskontrollen

*Operative Therapie*
- Inzision
- Drainage
- Sequestrotomie
- Débridement
- Dekortikation
- Extraktion mitbeteiligter Zähne
- Entfernung nekrotischer Knochenanteile
- Knochenanfrischung bis zum vitalen Knochengewebe
- Partielle oder Kontinuitätsresektion
- Plastische Rekonstruktion von Form und Funktion
- Frakturstabilisierung

**RISIKOFAKTOREN**

- Umfang der Radiotherapie (Dosis, Zeitintervall)
- Durchblutungsstörung
- Resistenzschwäche
- Vorgeschädigtes Gewebe (Knochen, Weichgewebe)
- Begleiterkrankungen
- Nähe zu relevanten Organstrukturen

**KOMPLIKATIONEN**

- Pathologische Fraktur
- Ausgedehnte Knochenverluste

- Persistierende Osteoradionekrose
- Beeinträchtigung der Kaufunktion
- Infektion mit Ausbreitungstendenz (regional/diffus)
- Übergang in ein chronisch disseminiertes Stadium
- Verletzung und/oder Verlust benachbarter Organstrukturen (z. B. Vincent-Symptom)
- Mitbeteiligung und/oder Verlust von Zähnen
- Parodontale Erkrankung
- Unempfindlichkeit gegenüber Antibiotika
- Reduzierte Blutversorgung der infizierten Knochenregion

## 5.4 Metabolische und dystrophe systemische Erkrankungen des Knochens

**DEFINITION**

Nachfolgend werden folgende Erkrankungen mit klinischer Bedeutung subsumiert:
- Fribröse ossäre Erkrankungen
- Osteoporose
- Lipoide und nichtlipoide Dystrophie
- Histiozytosis X
- M. Gaucher
- M. Paget
- Osteogenesis imperfecta
- Cherubismus
- Hyperparathyreoidismus
- Endokrinologische Erkrankungen
- Renale Dystrophien

**THERAPIEZIELE**

- Kontrolle und/oder Heilung der Grunderkrankung
- Wiederherstellung der Funktion
- Wiederherstellung der Form
- Erhalt vitaler Strukturen
- Kontrolle über ein Fortschreiten der Erkrankung

**THERAPIEINDIKATIONEN**

Bei der Indikation zur Therapie muß zwischen Zufallsbefunden, die klinisch keinerlei Symptomatik bieten, und Befunden mit klinischer Symptomatik unterschieden werden.
- Gesicherte Diagnose
- Schmerz

- Schwellung
- Gefühlsstörung
- Funktionsstörung
- Gesichtsdeformität
- Knochenverlust
- Sekundäre Infektionen
- Pathologische Frakturen
- Freilegung von Knochen
- Mobilität und Verlagerung von Zähnen
- Pathologische Fraktur
- Biopsie
- Laborwertveränderungen (z. B. Erhöhung von Kalzium, Phosphor, alkalischer Phosphatase, Parathormon etc.)
- Veränderung der röntgenologischen Knochendichte und Radiotransluzenz
- Verlagerung und/oder Verdrängung von benachbarten Organstrukturen
- Infiltration benachbarter Organstrukturen und Regionen

**UNTERSUCHUNGEN**

*Notwendige Untersuchungen*
- Inspektion
- Palpation
- Vitalitätsprüfung
- Sensibilitätsprüfung
- Röntgen

*Weiterführende Untersuchungen*
- Computertomographie
- Magnetresonanztomographie
- Szintigraphie
- Sonographie
- Histologische Diagnosesicherung (Biopsie, Feinnadelbiopsie), evtl. mit Immunhistochemie
- Laborchemische Untersuchungen
- Genetische Untersuchungen

**THERAPIE**

*Konservative Therapie*
- Symptomatische Maßnahmen
- Medikamentöse Therapie lokal und/oder systemisch (z. B. Östrogengabe bei Frauen mit Osteoporose, Chemotherapie bei M. Paget)
- Radiotherapie (z. B. bei Hystiozytosis X)
- Verlaufskontrollen

*Operative Therapie*
- Konturverbessernde und korrigierende Eingriffe bei sekundären Deformitäten
- Enukleation und Kürettage
- Resektion des beteiligten Knochens
- Modellierende Osteotomie
- Rekonstruktion zum Erhalt und/oder zur Wiederherstellung von Form und Funktion

**RISIKOFAKTOREN**

- Vorgeschädigtes Gewebe (Knochen, Weichgewebe)
- Durchblutungsstörung
- Alter des Patienten
- Begleiterkrankungen

**KOMPLIKATIONEN**

- Pathologische Frakturen
- Unkontrolliertes Fortschreiten der Erkrankung
- Systemische Manifestation
- Funktionsverlust
- Formverlust
- Verletzung und/oder Mitbeteiligung umgebender Organstrukturen oder vitaler Strukturen
- Mitbeteiligung von Zähnen

## 5.5 Benigne Knochentumoren

**DEFINITION**

Hierunter werden primär benigne osteogene Tumoren und nichtosteogene Tumoren im Knochen (z. B. Hämangiome) zusammengefaßt.

**THERAPIEZIELE**

- Tumorexzision
- Wiederherstellung der Funktion
- Wiederherstellung der Form
- Erhalt vitaler Strukturen
- Erhalt benachbarter Organstrukturen
- Verhinderung eines Rezidivs
- Restitutio ad integrum

## THERAPIEINDIKATIONEN

Bei der Indikation zur Therapie muß zwischen Zufallsbefunden, die klinisch keinerlei Symptomatik bieten, und Befunden mit klinischer Symptomatik unterschieden werden.
- Gesicherte Diagnose
- Schmerz
- Deformierung (Schwellung)
- Funktionsstörung
- Nervenfunktionsstörung
- Sekretion/Fistelung
- Verdrängung benachbarter Organstrukturen
- Alteration und Beschädigung benachbarter Organstrukturen
- Fötor
- Krepitation
- Sekundäre Infektion
- Pulsation
- Ulzeration
- Hämorrhagie
- Sichtbares Tumorwachstum
- Lymphadenopathie (Lymphknotenschwellung)
- Veränderung von Knochendichte und Knochenstruktur (Transluzenz)
- Pathologische Fraktur
- Veränderung der Vaskularität

## UNTERSUCHUNGEN

### Notwendige Untersuchungen
- Inspektion
- Palpation
- Vitalitätsprüfung
- Sensibilitätsprüfung
- Röntgen
- Histologische Sicherung (Biopsie, Feinnadelbiopsie)

### Weiterführende Untersuchungen
- Computertomographie
- Magnetresonanztomographie
- Szintigraphie
- Sonographie
- Angiographie

## THERAPIE

- Tumorresektion in sano

ERGÄNZENDE MASSNAHMEN

- Schmerztherapie
- Antibiotikagabe
- Rekonstruktive Maßnahmen
- Tumorprophylaxe
- Nachkontrollen

RISIKOFAKTOREN

- Vorgeschädigtes Gewebe (Knochen, Weichgewebe)
- Durchblutungsstörung
- Alter des Patienten
- Begleiterkrankungen

KOMPLIKATIONEN

- Tumorrezidiv
- Postoperative Funktionsstörungen
- Postoperative Strukturveränderungen
- Verletzung von benachbarten Strukturen
- Infektion
- Pathologische Fraktur
- Wundheilungsstörungen

## 5.6 Maligne Knochentumoren

DEFINITION

Unter einem malignen Knochentumor versteht man eine autonome und irreversible Gewebewucherung mit fortschreitendem Wachstum, welche primär im Knochen entsteht. In diesem Kapitel werden außerdem metastatische, den Knochen befallende Malignome behandelt.
In Abhängigkeit von der Tumorgröße, der regionalen- und Fernmetastasierung erfolgt die TNM-Klassifikation entsprechend der Richtlinien der International Union Against Cancer (UICC).

THERAPIEZIELE

In Abhängigkeit von der Erkrankung ist eine kurative oder eine palliative Therapie angestrebt.
- Abtötung oder Entfernung der vermehrungsfähigen Tumorzellen
- Wiederherstellung der Funktion
- Wiederherstellung der Form
- Erhalt vitaler Strukturen

- Erhalt benachbarter Organstrukturen
- Verhinderung eines Rezidivs
- Restitutio ad integrum
- Erhalt der Lebensqualität

**THERAPIEINDIKATIONEN**

Die Indikation zur Therapie ergibt sich aus der diagnostischen Sicherung der malignen Erkrankung sowie den nachfolgenden Leitsymptomen.
- Schmerz
- Deformität (Schwellung)
- Funktionsstörung
- Nervenfunktionsstörung
- Sekretion/Fistelung
- Verdrängung benachbarter Organstrukturen
- Alteration und Destruktion benachbarter Organstrukturen
- Fötor
- Krepitation
- Sekundäre Infektion
- Pulsation
- Ulzeration
- Hämorrhagie
- Sichtbares Tumorwachstum
- Lymphadenopathie (Lymphknotenschwellung)
- Metastasen
- Veränderung von Knochendichte und Knochenstruktur (Radiotransluzenz)
- Tumorexpansion in benachbarte Strukturen
- Pathologische Fraktur
- Veränderung der Vaskularität

**UNTERSUCHUNGEN**

*Notwendige Untersuchungen*
- Inspektion
- Palpation
- Vitalitätsprüfung
- Sensibilitätsprüfung
- Röntgen
- Histologische Sicherung (Biopsie, Feinnadelbiopsie)

*Weiterführende Untersuchungen*
- Computertomographie
- Magnetresonanztomographie
- Szintigraphie
- Sonographie
- Angiographie

## THERAPIE

- Tumorresektion in sano
- Regionäre Lymphknotenausräumung
- Chemotherapie
- Radiotherapie
- Immuntherapie
- Kombinationstherapie
- Unkonventionelle Therapieverfahren
- Behandlung von Fernmetastasen

## ERGÄNZENDE MASSNAHMEN

- Schmerztherapie
- Antibiotikagabe zur Infektionsprophylaxe
- Tracheotomie
- Anlage einer perkutanen endoskopischen Gastrostomie (PEG) zur Ernährungssicherung
- Rekonstruktive Maßnahmen
- Tumorprophylaxe
- Nachsorge, Kontrolluntersuchungen
- Anschlußheilbehandlung

## RISIKOFAKTOREN

- Vorgeschädigtes Gewebe (Knochen, Weichgewebe)
- Durchblutungsstörung
- Alter des Patienten
- Begleiterkrankungen

## KOMPLIKATIONEN

- Inkurabilität
- Residualtumor
- Tumorrezidiv
- Regionale und/oder Fernmetastasierung
- Postoperative Funktionsstörungen
- Postoperative Strukturveränderungen
- Verletzung benachbarter Strukturen
- Infektion
- Pathologische Fraktur
- Wundheilungsstörung
- Zweitkarzinome als Folge der Bestrahlung und/oder Chemotherapie
- Exitus durch Tumor, Metastasen oder als Folge der Therapie

## 5.7 Weichteilzysten

**DEFINITION**

Unter Weichteilzysten versteht man pathologische Hohlräume in den Weichgeweben, die von Epithel ausgekleidet sind und verdrängend wachsen. Sie können unterschiedlicher Genese sein.

**THERAPIEZIELE**

Das Ziel der Therapie besteht darin, die Zysten einschließlich des bindegewebigen Balges vollständig zu entfernen.
- Entfernung der Zyste
- Wiederherstellung der Funktion
- Wiederherstellung der Form
- Erhalt von wichtigen Strukturen
- Verhinderung eines Rezidivs
- Verhinderung einer malignen Entartung

**THERAPIEINDIKATIONEN**

Bei der Indikation zur Therapie muß zwischen Zufallsbefunden, die klinisch keinerlei Symptomatik bieten, und Befunden mit klinischer Symptomatik unterschieden werden.
- Klinischer Nachweis einer Zyste
- Schmerz
- Deformierung im Sinne von Schwellung oder Expansion
- Funktionsstörung
- Nervenfunktionsstörung
- Fistelbildung
- Strukturauflösung oder Verdrängung benachbarter Organstrukturen
- Farbveränderungen

**UNTERSUCHUNGEN**

*Notwendige Untersuchungen*
- Inspektion
- Palpation
- Vitalitätsprüfung
- Sensibilitätsprüfung
- Röntgen
- Histologische Diagnosesicherung (Biopsie, Feinnadelbiopsie)

*Weiterführende Untersuchungen*
- Röntgen in 2. Ebene
- Sonographie

- Computertomographie
- Magnetresonanztomographie
- Szintigraphie

**THERAPIE**

Die Zystektomie ist das primäre Therapieziel.
Zystektomien bei:
- Zysten, welche zum Rezidiv neigen,
- Zysten, die potentiell maligne entarten können.

Zystostomie bei:
- Patienten, bei denen aufgrund der allgemeinmedizinischen Gründe eine Zystektomie nicht möglich ist,
- großen Zysten, bei denen sonst die Gefahr von Verletzung benachbarter Organstrukturen besteht,
- großen Zysten, bei denen eine primäre Wundheilung nicht zu erwarten ist.

**ERGÄNZENDE MASSNAHMEN**

- Nachkontrollen
- Obturator
- Tamponade

**RISIKOFAKTOREN**

- Infektion
- Vorgeschädigtes Gewebe (Knochen, Weichgewebe)
- Durchblutungsstörung
- Alter des Patienten
- Begleiterkrankungen

**KOMPLIKATIONEN**

- Zystenrezidiv
- Maligne Entartung
- Funktionsstörung
- Deformität und Formveränderung
- Verlust oder Verletzung von benachbarten Organstrukturen
- Infektion

**EMPFEHLUNG**

Die Therapie kann in der Regel ambulant in Lokalanästhesie durchgeführt werden. Unter Umständen kann auch eine stationäre Behandlung in Vollnarkose indiziert sein.

## 5.8 Vaskuläre Malformation im Weichgewebe

**DEFINITION**

Angiome sind Geschwülste, die vom Gefäßbindegewebe ihren Ausgang nehmen. Die Abgrenzung von geschwulstähnlichen Hyperplasien oder Mißbildungen im Sinne der Hamartie ist oft weder klinisch noch histologisch sicher möglich. Es gibt Hämangiome, Lymphangiome und Übergangsformen.

**THERAPIEZIELE**

Das Therapieziel richtet sich nach dem vorliegenden Befund und kann eine spontane Rückbildung oder eine aktive Behandlung mit vollständiger oder partieller Beseitigung des Prozesses und/oder aktiver Verbesserung des Zustandes zum Ziel haben.
- Verhinderung eines Rezidivs
- Wiederherstellung der Funktion
- Wiederherstellung der Form
- Erhalt vitaler Strukturen

**THERAPIEINDIKATIONEN**

- Gesicherte Diagnose
- Ästhetische Beeinträchtigung
- Funktionelle Beeinträchtigung
- Wachstum
- Deformität (z. B. Schwellung, Expansion)
- Nervenfunktionsstörung
- Hämorrhagie
- Infiltration benachbarter Strukturen
- Wachstum

**UNTERSUCHUNGEN**

*Notwendige Untersuchungen*
- Inspektion
- Palpation
- Sensibilitätsprüfung
- Histologische Diagnosesicherung (Biopsie, Feinnadelbiopsie)

*Weiterführende Untersuchungen*
- Röntgen
- Computertomographie
- Magnetresonanztomographie
- Angiographie
- Doppleruntersuchung
- Sonographie

**THERAPIE**

- Embolisation
- Gefäßligatur bei vaskulären Läsionen
- Exstirpation
- Lasertherapie
- Kryotherapie
- Medikamentöse Therapie
- Verlaufskontrollen

**RISIKOFAKTOREN**

- Vorgeschädigtes Gewebe (Knochen, Weichgewebe)
- Durchblutungsstörung
- Alter des Patienten
- Begleiterkrankungen
- Hämorrhagie

**KOMPLIKATIONEN**

- Lokales Rezidiv der Malformation
- Persistierende Funktionsstörungen
- Persistierende Deformität
- Verletzung oder Verlust von benachbarten Strukturen
- Narbenbildung
- Pigmentationsstörung
- Hauttexturveränderungen

## 5.9 Benigne Tumoren der Haut und der Weichgewebe

**DEFINITION**

Je nach histologischem Ursprungsgewebe unterscheidet man mesenchymale, neurogene und epidermale Weichgewebetumoren. Im folgenden sind die häufigsten benignen Weichgewebetumoren erläutert.
Papillome bestehen aus einer verzweigten Bindegewebebasis, die einen mehrschichtigen Epithelbelag hat. Sie kommen auf der Haut, den Schleimhäuten und den Ausführungsgängen drüsiger Organe vor. Oftmals entstehen papilläre Epithelproliferationen als Reizantwort auf entzündliche, chemische oder mechanische Noxen. Bei einer Reihe von Papillomatosen gilt die Virusgenese als gesichert.
Beim Fibrom handelt es sich um eine ausgereifte Bindegewebegeschwulst, die solitär, aber auch multipel auftreten kann. Je nach Verhältnis von Bindegewebszellen und Interzellularsubstanz unterscheidet man harte und weiche Fibrome.

Granulome sind aus Granulationsgewebe bestehende Schleimhautgeschwülste. Man unterscheidet reaktive Hyperplasien auf entzündliche Reize (Granulome) von echten Riesenzelltumoren. Diese Unterscheidung kann oftmals erst aufgrund des histologischen Bildes durchgeführt werden.

**THERAPIEZIELE**

- Tumorexzision
- Wiederherstellung der Funktion
- Wiederherstellung der Form
- Erhalt vitaler Strukturen
- Erhalt benachbarter Organstrukturen
- Verhinderung eines Rezidivs
- Restitutio ad integrum

**THERAPIEINDIKATIONEN**

Bei der Indikation zur Therapie muß zwischen Zufallsbefunden, die klinisch keinerlei Symptomatik bieten, und Befunden mit klinischer Symptomatik unterschieden werden.

- Schmerz
- Deformität (Schwellung)
- Funktionsstörung
- Nervenfunktionsstörung
- Sekretion/Fistelung
- Verdrängung benachbarter Organstrukturen
- Alteration und/oder Beschädigung benachbarter Organstrukturen
- Fötor
- Krepitation
- Sekundäre Infektion
- Pulsation
- Ulzeration
- Hämorrhagie
- Sichtbares Tumorwachstum
- Lymphadenopathie (Lymphknotenschwellung)
- Veränderung der Vaskularität

**UNTERSUCHUNGEN**

*Notwendige Untersuchungen*
- Inspektion
- Palpation
- Sensibilitätsprüfung
- Histologische Sicherung (Biopsie, Feinnadelbiopsie)

*Weiterführende Untersuchungen*
- Röntgen
- Computertomographie
- Magnetresonanztomographie
- Sonographie
- Szintigraphie
- Angiographie

## THERAPIE

*Operative Therapie*
- Tumorresektion in sano

## ERGÄNZENDE MASSNAHMEN

- Schmerztherapie
- Antibiotikagabe
- Rekonstruktive Maßnahmen
- Tumorprophylaxe
- Nachkontrollen

## RISIKOFAKTOREN

- Vorgeschädigtes Gewebe (Knochen, Weichgewebe)
- Durchblutungsstörung
- Alter des Patienten
- Begleiterkrankungen

## KOMPLIKATIONEN

- Lokales Tumorrezidiv
- Postoperative Funktionsstörungen
- Postoperative Strukturveränderungen
- Verletzung von benachbarten Strukturen
- Akute oder chronische Infektion

## 5.10 Maligne Tumoren der Haut und der Weichgewebe

### DEFINITION

Unter einem malignen Tumor versteht man eine autonome und irreversible Gewebewucherung mit fortschreitendem Wachstum.
Man unterscheidet epidermale und mesenchymale Tumoren. Maligne Tumoren wachsen nicht nur expansiv, sondern gleichzeitig infiltrativ und gewebedestruierend.

In Abhängigkeit von der Tumorgröße, der regionalen und Fernmetastasierung erfolgt die TNM-Klassifikation entsprechend der Richtlinien der International Union Against Cancer (UICC).

**THERAPIEZIELE**

In Abhängigkeit von der Erkrankung wird eine kurative oder eine palliative Therapie angestrebt.
- Abtötung oder Entfernung der vermehrungsfähigen Tumorzellen
- Tumorexzision
- Wiederherstellung der Funktion
- Wiederherstellung der Form
- Erhalt vitaler Strukturen
- Erhalt benachbarter Organstrukturen
- Verhinderung eines Rezidivs
- Restitutio ad integrum
- Erhalt der Lebensqualität

**THERAPIEINDIKATIONEN**

Die Indikation zur Therapie ergibt sich aus der diagnostischen Sicherung der malignen Erkrankung sowie den nachfolgenden Leitsymptomen.
- Schmerz
- Deformierung (Schwellung)
- Funktionsstörung
- Nervenfunktionsstörung
- Sekretion/Fistelung
- Verdrängung benachbarter Organstrukturen
- Alteration und Destruktion benachbarter Organstrukturen
- Fötor
- Krepitation
- Sekundäre Infektion
- Pulsation
- Ulzeration
- Hämorrhagie
- Sichtbares Tumorwachstum
- Lymphadenopathie (Lymphknotenschwellung)
- Metastasen
- Veränderung von Knochendichte und Knochenstruktur (Knochendestruktion)
- Tumorexpansion in benachbarte Strukturen
- Pathologische Fraktur
- Veränderung der Vaskularität

## UNTERSUCHUNGEN

*Notwendige Untersuchungen*
- Inspektion
- Palpation
- Vitalitätsprüfung
- Sensibilitätsprüfung
- Röntgen
- Histologische Diagnosesicherung (Biopsie, Feinnadelbiopsie)

*Weiterführende Untersuchungen*
- Computertomographie
- Magnetresonanztomographie
- Sonographie
- Szintigraphie
- Panendoskopie (Hypopharyngoskopie, Nasenendoskopie, Sinuskopie, Bronchoskopie)
- Sialographie
- Angiographie
- Thoraxröntgenaufnahme

## THERAPIE

- Tumorresektion in sano
- Regionäre Lymphknotenausräumung
- Chemotherapie
- Radiotherapie
- Immuntherapie
- Kombinationstherapie
- Unkonventionelle Therapieverfahren
- Behandlung von Fernmetastasen

## ERGÄNZENDE MASSNAHMEN

- Schmerztherapie
- Antibiotikagabe zur Infektionsprophylaxe
- Tracheotomie
- Anlage einer perkutanen endoskopischen Gastrostomie (PEG) zur Ernährungssicherung
- Rekonstruktive Maßnahmen
- Tumorprophylaxe
- Nachsorge, Kontrolluntersuchungen
- Anschlußheilbehandlung

**RISIKOFAKTOREN**

- Vorgeschädigtes Gewebe (Knochen, Weichgewebe)
- Durchblutungsstörung
- Alter des Patienten
- Begleiterkrankungen

**KOMPLIKATIONEN**

- Inkurabilität
- Residualtumor
- Tumorrezidiv
- Regionale und/oder Fernmetastasierung
- Postoperative Funktionsstörungen
- Postoperative Strukturveränderungen
- Verletzung benachbarter Strukturen
- Infektion
- Wundheilungsstörung
- Zweitkarzinome als Folge der Bestrahlung und/oder Chemotherapie
- Exitus durch Tumor, Metastasen oder als Folge der Therapie

## 5.11 Mundschleimhauterkrankungen

**DEFINITION**

In diesem Kapitel werden alle Mundschleimhautveränderungen, die nicht den Tumoren oder Fehlbildungen zuzuordnen sind, berücksichtigt. Diese können entzündlich (bakteriell, viral), iatrogen, strahleninduziert oder exogen verursacht sein.

**THERAPIEZIELE**

- Beseitigung oder Kontrolle der Erkrankung
- Beseitigung der Symptome
- Wiederherstellung der Funktion
- Verhinderung eines Rezidivs
- Verhinderung der Ausbreitung und/oder Generalisation

**THERAPIEINDIKATIONEN**

- Gesicherte Diagnose
- Schmerzen
- Funktionsstörung
- Veränderung des Wohlbefindens
- Veränderung der Schleimhautintegrität

## UNTERSUCHUNGEN

*Notwendige Untersuchungen*
- Inspektion
- Palpation
- Histologische Diagnosesicherung (Biopsie, Feinnadelbiopsie)
- Gegebenenfalls Röntgen

*Weiterführende Untersuchungen*
- Exfoliative Zytologie (Herpes oder Candida)
- Mikrobiologische Untersuchung
- Indirekte Immunfluoreszenz
- Immunologische Untersuchung
- Laborparameter

## THERAPIE

*Konservative Therapie*
- Verlaufsbeobachtung
- Beseitigung von ätiologischen Faktoren
- Orale Hygiene
- Unterstützende Ernährung, Diät
- Medikation

*Operative Therapie*
- Chirurgische Exzision
- Lasertherapie
- Kryotherapie
- Nachkontrollen

## RISIKOFAKTOREN

- Vorgeschädigtes Gewebe (Knochen, Weichgewebe)
- Durchblutungsstörung
- Alter des Patienten
- Begleiterkrankungen

## KOMPLIKATIONEN

- Rezidiv
- Maligne Entartung
- Persistierende Funktionsstörung
- Ausbreitung und/oder Generalisation
- Systemische Komplikationen

## 5.12 Speicheldrüsenzysten

**DEFINITION**

Schleimzysten (Extravasationszysten) treten häufig im Bereich der Unterlippe, gelegentlich auch an der Oberlippe oder Wangenschleimhaut auf. Für ihre Entstehung werden Traumen und entzündliche Prozesse verantwortlich gemacht. Die Ranula ist eine Zyste im Ausführungssystem der Glandula sublingualis, die nach Austritt von Speichel ins Gewebe entsteht. Sie findet sich in der Regel einseitig am Mundboden als bläulich schimmernde, gutbegrenzte, kugelige Vorwölbung unmittelbar unter der Schleimhaut.

**THERAPIEZIELE**

- Entfernung der Zyste
- Wiederherstellung der Funktion
- Wiederherstellung der Form
- Erhalt vitaler Strukturen
- Verhinderung eines Rezidivs

**THERAPIEINDIKATIONEN**

- Gesicherte Diagnose
- Schmerzen
- Deformität
- Ulzeration
- Neurologische Funktionsstörungen
- Reduzierung oder Fehlen des Speichelflusses
- Veränderung der Farbe und des Erscheinungsbildes der die Speicheldrüse bedeckenden Haut
- Fluktuation
- Sekundäre Infektion
- Störung der Sprach- und Kaufunktion
- Dislokation von benachbarten anatomischen Strukturen
- Mitbeteiligung von/oder Expansion in benachbarte Strukturen

**UNTERSUCHUNGEN**

*Notwendige Untersuchungen*
- Inspektion
- Palpation
- Histologische Diagnosesicherung (Biopsie, Feinnadelbiopsie)

*Weiterführende Untersuchungen*
- Röntgen
- Computertomographie

- Magnetresonanztomographie
- Sialographie
- Sonographie

**THERAPIE**

*Operative Therapie*
- Marsupialisation
- Lokale Exzision
- Sialadenektomie

**ERGÄNZENDE MASSNAHMEN**

- Rekonstruktive Maßnahmen
- Stimulation der Salivation
- Verlaufskontrollen

**RISIKOFAKTOREN**

- Vorgeschädigtes Gewebe (Knochen, Weichgewebe)
- Durchblutungsstörung
- Alter des Patienten
- Begleiterkrankungen

**KOMPLIKATIONEN**

- Rezidiv
- Wundheilungsstörung
- Funktionsstörung
- Deformität
- Verlust oder Verletzung von benachbarten Strukturen
- Akute oder chronische Infektion
- Speichelfistel
- Nervenschädigung

## 5.13 Speicheldrüseninfektionen

**DEFINITION**

Es handelt sich meist um virale oder bakterielle Entzündungen der Speicheldrüsen. Daneben gibt es die Form der Immunsialadenitis, die myoepitheliale Sialadenitis und andere Formen.

**THERAPIEZIELE**

- Beseitigung der Infektion
- Wiederherstellung der Funktion
- Erhalt vitaler Strukturen
- Verhinderung eines Rezidivs

**THERAPIEINDIKATIONEN**

- Schmerzen
- Schwellung
- Irritation
- Neurologische Funktionstörung
- Sekretion von Pus oder mukösem Speichel aus dem Ausführungsgang
- Reduzierter Speichelfluß
- Fluktuation
- Induration
- Fieber
- Dehydratation
- Leukozytose
- Mikrobiologischer Nachweis

**UNTERSUCHUNGEN**

*Notwendige Untersuchungen*
- Inspektion
- Palpation
- Gegebenenfalls Sonographie

*Weiterführende Untersuchungen*
- Mikrobiologischer Nachweis mit Resistenztestung
- Histologische Diagnosesicherung (Biopsie, Feinnadelbiopsie)
- Sialographie
- Computertomographie
- Magnetresonanztomographie
- Sonographie

**THERAPIE**

*Konservative Therapie*
- Antibiotikatherapie
- Behandlung einer vorliegenden Grunderkrankung
- Stimulation der Salivation

*Operative Therapie*
- Inzision und Drainage
- Sialadenektomie
- Schlitzung des Speicheldrüsenausführungsganges

**RISIKOFAKTOREN**

- Vorgeschädigtes Gewebe (Knochen, Weichgewebe)
- Durchblutungsstörung
- Alter des Patienten
- Begleiterkrankungen

**KOMPLIKATIONEN**

- Rezidiv
- Persistierende Infektionen
- Verletzung oder Mitbeteiligung benachbarter Strukturen
- Systemische Infektionsausbreitung
- Akute oder chronische Infektion

## 5.14 Speicheldrüsensteine und Syndrome

**DEFINITION**

In diesem Kapitel werden Speichelsteine und klinische Syndrome mit Speicheldrüsenbeteiligung (Sjörgen-Syndrom, Heerfordt-Syndrom) und Sialadenosen (nicht entzündliche, parenchymatöse Erkrankungen der Speicheldrüse infolge Stoffwechselstörung oder sekretorischer Störung) behandelt.

**THERAPIEZIELE**

- Beseitigung oder Kontrolle der Erkrankung
- Wiederherstellung der Funktion
- Wiederherstellung der Form
- Erhalt benachbarter Strukturen

**THERAPIEINDIKATIONEN**

- Gesicherte Diagnose
- Xerostomie
- Speicheldrüsenvergrößerung und/oder -schwellung
- Induration
- Keratoconjunctivitis sicca
- Rheumatische Arthritis
- Tränendrüsenvergrößerung und/oder -schwellung
- Anzeichen einer systemischen Erkrankung
- Infektion

**UNTERSUCHUNGEN**

*Notwendige Untersuchungen*
- Inspektion

- Palpation
- Sondierung

*Weiterführende Untersuchungen*
- Sialographie
- Speicheldrüsenszintigraphie
- Sondierung
- Laborparameter (Rheumafaktor, antinukleäre Antikörper, Latexfixationstest, Blutsenkung)
- Feinnadelaspiration
- Biopsie
- Computertomographie
- Magnetresonanztomographie
- Sonographie

## THERAPIE

*Konservative Therapie*
- Behandlung der Grunderkrankung
- Schmerztherapie
- Hydratation
- Lithotripsie
- Intraduktale Verfahren
- Stimulation der Salivation
- Ernährungsberatung

*Operative Therapie*
- Sialadenektomie
- Schlitzung des Speicheldrüsenausführungsganges

## RISIKOFAKTOREN

- Vorgeschädigtes Gewebe (Knochen, Weichgewebe)
- Durchblutungsstörung
- Alter des Patienten
- Begleiterkrankungen

## KOMPLIKATIONEN

- Rezidiv
- Fortschreiten der Erkrankung
- Maligne Entartung der Erkrankung
- Akute oder chronische Infektion
- Infektion
- Drüsenatrophie

# 6 Kiefergelenkerkrankungen

Die chirurgische Kiefergelenkbehandlung ist indiziert bei einer Vielzahl von pathologischen Veränderungen einschließlich entwicklungsbedingter und erworbener Deformitäten, Arthritiden, funktionellen Störungen, Ankylosen sowie bei Infektionen. Die Richtlinien zur Behandlung des Kiefergelenks in Verbindung mit der Tumorchirurgie werden in Kap. 5 abgehandelt. Die Richtlinien zur Behandlung von Kiefergelenkfrakturen sind in Kap. 3 aufgeführt.

## 6.1 Myopathien

**DEFINITION**

Störungen der Kaumuskulatur (Myositis, Myospasmen, Kontrakturen) können myofaziale Schmerzen sowie Myogelosen verursachen. Myopathien sind das häufigste klinische Zeichen für Störungen im Bereich des Kiefergelenks und können dabei u. a. mit pathologischen Gelenkveränderungen, Deformitäten oder anderen pathologischen Veränderungen einhergehen. Die Behandlung der Myopathie ist meist nichtchirurgisch. Falls myogene Beschwerden in Kombination mit Kiefergelenkanomalien und/oder -deformationen auftreten, sollten diese Beschwerden in den Gesamtbehandlungsplan integriert werden. Die Behandlungsziele sollten für jeden einzelnen Patienten individuell festgelegt werden.

**THERAPIEZIELE**

- Verringerung und/oder Beseitigung der bestehenden Beschwerdesymptomatik
- Funktionelle Verbesserung der Mundöffnung und Kaufunktion
- Reduzierung von Kopf- und/oder Ohrenschmerzen
- Reduzierung und/oder Beseitigung von zervikalen Myalgien

**THERAPIEINDIKATIONEN**

- Extraartikuläre Schmerzen in Zusammenhang mit der Muskulatur der Kopf-Hals-Region
- Otalgien, Kopfschmerzen
- Mastikatorische und zervikale Myalgien
- Behinderung der Kaufunktion

- Einschränkung der Mundöffnung
- Gleichzeitig vorliegende primäre oder sekundäre Erkrankung des Kiefergelenks

## UNTERSUCHUNGEN

*Notwendige Untersuchungen*
- Inspektion
- Palpation
- Funktionsanalyse
- Schädelbezogene Registrierung, Abdrucknahme und Modellherstellung
- Röntgen

*Weiterführende Untersuchungen*
- Interdisziplinäre Untersuchung (HNO-Arzt, Orthopäde, Neurologe, Psychologe)
- Röntgenaufnahmen der Halswirbelsäule
- Arthroskopie
- Computertomographie
- Magnetresonanztomographie

## THERAPIE

*Konservative Therapie*
- Behandlung von Artikulations- und Okklusionsstörungen
- Eingliederung von kieferorthopädischen Geräten (z. B. Michigan-Schiene)
- Physiotherapie (Massage, Krankengymnastik, Wärme- und Kältebehandlung, Mikrowellenbehandlung)
- Triggerinjektionen
- Akupunktur
- Medikamentöse Behandlung (Muskelrelaxanzien, Analgetika)
- Verhaltenstherapie (Streßreduktion, Psychotherapie, Biofeedback)
- Kieferruhigstellung (Kinnschleuder, intermaxilläre Fixation mittels Gummizügen oder Drahtligaturen)
- Diät (weiche Kost)

*Operative Therapie*
Chirurgische Maßnahmen sind bei Myopathien in der Regel nicht indiziert. Eine Ausnahme bilden strukturelle Veränderungen im Bereich des Kiefergelenks.

## RISIKOFAKTOREN

- Gleichzeitig vorliegende weitere Erkrankungen oder Beschwerden im Kopfbereich (z. B. Pulpitiden, Otitiden)
- Parafunktionen, Habits

- Okklusionsstörungen
- Artikulationsstörungen
- Kiefergelenkdeformitäten und/oder -mißbildungen
- Angeborene Skelettdeformitäten
- Vorausgegangene Dysgnathie- oder Kiefergelenkoperationen
- Vorausgegangene prothetische, konservierende und/oder kieferorthopädische Behandlung
- Sensible oder motorische Nervenerkrankung (temporär oder permanent)
- Vorangegangene Infektionen im Beschwerdebereich
- Chronische Schmerzen (mit einer über 6 Monate bestehenden Schmerzsymptomatik)
- Vorausgegangene Traumata
- Zahnverluste
- Zahnfehlstellungen
- Psychische Belastung

**KOMPLIKATIONEN**

- Verschlechterung der Beschwerdesymptomatik

**EMPFEHLUNG**

Vor der Einleitung der eigentlichen Therapie ist eine umfassende Aufklärung des Patienten zur Bewußtmachung psychogener Komponenten, pathologischer Habits und Parafunktionen erforderlich. Gerade bei akuten Schmerzzuständen kann eine kombinierte analgetische und physiotherapeutische Behandlung indiziert sein.

## 6.2 Degenerative Kiefergelenkerkrankungen

**DEFINITION**

Unter degenerativen Kiefergelenkerkrankungen können allgemein strukturelle Veränderungen des Kiefergelenks verstanden werden, welche sich in der Regel über einen längeren Zeitraum aufgrund chronischer Fehlbelastung oder auch im Gefolge eines traumatischen Ereignisses entwickeln.

**THERAPIEZIELE**

- Verhinderung eines Fortschreitens der degenerativen Veränderungen
- Verbesserung der bestehenden Funktionsstörungen
- Beseitigung von Kiefergelenkschmerzen
- Beseitigung von Ohrenschmerzen, Kopfschmerzen, mastikatorischen Beschwerden und zervikalen Myalgien
- Verbesserung der Mundöffnung sowie der Artikulationsfunktion

## Kiefergelenkerkrankungen

**THERAPIEINDIKATIONEN**

- Schmerzsymptomatik
- Hyper- oder hypometrische Mundöffnung mit Einschränkung der Unterkiefermobilität
- Kiefergelenkgeräusche (Knacken, Krepitation, Klicken)
- Mastikationsstörung
- Bildgebender Nachweis einer gelenkinternen Funktionsstörung (Magnetresonanztomographie)
- Arthroskopischer Befund einer degenerativen Veränderung

**UNTERSUCHUNGEN**

*Notwendige Untersuchungen*
- Inspektion
- Palpation
- Klinische Untersuchung
- Röntgen

*Weiterführende Untersuchungen*
- Computertomographie
- Magnetresonanztomographie
- Arteriographie
- Laborchemische Untersuchungen zum Ausschluß von Begleiterkrankungen (z. B. Rheuma)
- Szintigraphie
- Arthroskopie

**THERAPIE**

*Konservative Therapie*
- Medikamente (z. B. Analgetika, Muskelrelaxanzien)
- Physiotherapie (z. B. Massage, Krankengymnastik, Extension, Wärme- oder Kältebehandlung, Mikrowellenbestrahlung)
- Akupunktur
- Intrakapsuläre Injektionen (diagnostisch und/oder therapeutisch)
- Beseitigung von Artikulations- und Okklusionshindernissen
- Verhaltensanweisungen (Streßreduktion, Psychotherapie, Biofeedback)
- Ausschalten von Parafunktionen und Habits
- Diät (weiche Kost)

*Operative Therapie*
- Arthroskopische Eingriffe
  - Lyse
  - Lavage
  - Laserchirurgie

- Knochenglättung
- Entfernung freier Gelenkkörper
• Offene Chirurgie (Arthrotomie, Arthroplastik)
- Diskusreparatur
- Disektomie ohne Ersatzplastik
- Disektomie mit Ersatzplastik
- Glättung/Modulation der Gelenkfläche
- Kondylotomie
• Dysgnathieoperation zur Korrektur von skelettalen Kieferfehllagen und Deformitäten

**RISIKOFAKTOREN**

• Gleichzeitig vorliegende weitere Erkrankungen oder Beschwerden im Kopfbereich (z. B. Pulpitiden, Otitiden)
• Parafunktionen, Habits
• Okklusionsstörungen
• Artikulationsstörungen
• Kiefergelenkdeformitäten oder -mißbildungen
• Angeborene Skelettdeformitäten
• Vorausgegangene Dysgnathie- oder Kiefergelenkoperationen
• Prothetische, konservierende und/oder kieferorthopädische Behandlungen
• Sensible und/oder motorische Nervenerkrankung (temporär oder permanent)
• Vorangegangene Infektionen im Beschwerdebereich
• Chronische Schmerzen (mit einer über 6 Monate bestehenden Schmerzsymptomatik)
• Vorausgegangene Traumata
• Zahnverluste
• Zahnfehlstellungen
• Vorgeschädigte Gewebe
• Psychische Belastung

**KOMPLIKATIONEN**

• Verschlechterung der Beschwerdesymptomatik

**EMPFEHLUNG**

Chirurgische Maßnahmen bei degenerativen Kiefergelenkerkrankungen sind nur indiziert, wenn eine aussichtsreiche, nichtchirurgische Vorbehandlung keine Besserung erbrachte und falls starke Schmerzen und/oder Funktionsstörungen vorliegen. Patienten mit nur gering ausgeprägter Beschwerdesymptomatik sollten keiner chirurgischen Behandlung zugeführt werden. Dysgnathieoperationen können im Rahmen der Behandlung von degenerativen Kiefergelenkerkrankungen sowohl als primäre oder als zusätzliche Maßnahme erforderlich sein.

## 6.3 Rheumatoide Arthritis

**DEFINITION**

Die rheumatoide Arthritis ist eine systemische autoimmunologische Gelenkerkrankung, welche auch das Temporomandibulargelenk betreffen kann. Die Therapie des Kiefergelenks sollte in enger Zusammenarbeit mit den Kollegen der Rheumatologie erfolgen, welche die weitere Manifestation der rheumatoiden Erkrankungen behandeln. Vor der Einleitung einer Therapie muß festgestellt werden, ob es sich bei der Manifestation im Kiefergelenk um eine aktive, progressive oder stabile Phase der Erkrankung handelt. In ihrer ausgeprägtesten Form kann die rheumatoide Arthritis zur Ankylose und/oder zur Zerstörung des Kondylus mit daraus resultierender Retrognathie mit offenem Biß sowie schmerzhafter Bewegungseinschränkung führen.

**THERAPIEZIELE**

- Beseitigung der Entzündung
- Schmerzbeseitigung
- Verhinderung eines Fortschreitens der Erkankung
- Verbesserung der Unterkiefermobilität mit Reduktion und/oder Beseitigung von Kiefergelenkgeräuschen
- Beseitigung von Artikulations- und Okklusionsstörungen
- Korrektur von begleitenden maxillofazialen Deformitäten

**THERAPIEINDIKATIONEN**

- Schmerzen
- Störungen der Unterkiefermobilität
- Kiefergelenkgeräusche
- Kaufunktionsstörungen
- Schwellungen und/oder Rötungen im Kiefergelenkbereich
- Diagnostischer Nachweis einer arthritischen Veränderung im Kiefergelenkbereich

**UNTERSUCHUNGEN**

*Notwendige Untersuchungen*
- Inspektion
- Palpation
- Röntgen

## Rheumatoide Arthritis

- Laborchemische Untersuchung (Rheumafaktoren, Sedimentationsrate, antinukleäre Antikörper)
- Rheumatologiekonsil

*Weiterführende Untersuchungen*
- Computertomographie
- Magnetresonanztomographie
- Gelenkpunktion
- Arthroskopie

**THERAPIE**

*Konservative Therapie*
- Medikamentengabe
- Physiotherapie
- Intrakapsuläre Injektionen
- Schienentherapie

**OPERATIVE THERAPIE**

Vor einer chirurgischen Behandlung muß der Aktivitätsgrad dieser systemischen Erkrankung abgeklärt werden:
- Aktive, progressive Arthritis des Kiefergelenks
  - Arthrozenthese
  - Arthroskopische Chirurgie
  - Biopsie
  - Arthroplastik
  - Partielle oder totale Kiefergelenkrekonstruktion (z. B. autologes Knochentransplantat)
- Stabile, nicht progressive Arthritis im Kiefergelenkbereich
  - Arthrozenthese
  - Arthroskopische Chirurgie
  - Biopsie
  - Arthroplastik
  - Dysgnathieoperation
  - Partielle oder totale Kiefergelenkrekonstruktion

**RISIKOFAKTOREN**

- Gleichzeitig vorliegende weitere Erkrankungen oder Beschwerden im Kopfbereich (z. B. Pulpitiden, Otitiden)
- Parafunktionen, Habits
- Okklusionsstörungen
- Artikulationsstörungen
- Kiefergelenkdeformitäten oder Mißbildungen
- Angeborene Skelettdeformitäten

- Vorausgegangene Dysgnathie- oder Kiefergelenkoperationen
- Prothetische, konservierende und/oder kieferorthopädische Behandlungen
- Sensible und/oder motorische Nervenerkrankung (temporär oder permanent)
- Vorangegangene Infektionen im Beschwerdebereich
- Chronische Schmerzen (mit einer über 6 Monate bestehenden Schmerzsymptomatik)
- Vorausgegangene Traumata
- Zahnverluste
- Zahnfehlstellungen
- Vorgeschädigte Gewebe
- Psychische Belastung

**KOMPLIKATIONEN**

- Verschlechterung der Beschwerdesymptomatik

**EMPFEHLUNG**

Im Falle der rheumatoiden Arthritis ist eine chirurgische Behandlung nur dann indiziert, falls nichtchirurgische Maßnahmen nicht erfolgreich waren und keine Verbesserung der Schmerzsymptomatik oder der funktionellen Beeinträchtigung erbrachten. Sie sind nicht indiziert bei Patienten mit einem asymptomatischen oder minimalen funktionsbeeinträchtigenden Krankheitsverlauf. Aus präventiven Gesichtspunkten ist eine chirurgische Behandlung nicht anzustreben. Die Fortführung der Behandlung der systemischen rheumatoiden Erkrankung ist auch nach Abschluß der chirurgischen Therapie erforderlich.

### 6.4 Infektiöse Arthritis

**DEFINITION**

Bei der infektiösen Arthritis ist zwischen einer akuten und einer chronischen Form sowie zwischen einer primären und sekundären Erkrankung zu differenzieren. Es handelt sich dabei um eine entzündlich bedingte Erkrankung des Kiefergelenks mit den entsprechenden Entzündungszeichen. Für das Entstehen können sowohl systemische, in erster Linie jedoch lokale infektiöse Mediatoren verantwortlich sein.

**THERAPIEZIELE**

- Beseitigung der Infektion
- Beseitigung der Schmerzsymptomatik
- Beseitigung und Reduktion von Kiefergelenkgeräuschen
- Korrektur von Okklusions- und Artikulationsstörungen

- Korrektur von beteiligten maxillofazialen Deformitäten
- Beseitigung von intraartikulären Fremdkörpern
- Beseitigung einer systemischen Infektion

**THERAPIEINDIKATIONEN**

- Klinischer oder diagnostischer Hinweis auf eine lokale oder systemische Infektion
- Vorliegen von Entzündungszeichen
- Schmerzen
- Einschränkung der Unterkiefermobilität
- Kiefergelenkgeräusche
- Kaufunktionsstörung
- Präaurikuläre Schwellung, Erythem, Sekretion
- Fremdkörpernachweis im Gelenkbereich

**UNTERSUCHUNGEN**

*Notwendige Untersuchungen*
- Inspektion
- Palpation
- Röntgen
- Laborchemische Untersuchungen (Entzündungsparameter)

*Weiterführende Untersuchungen*
- Gelenkpunktion mit anschließender mikrobiologischer Untersuchung
- Computertomographie
- Magnetresonanztomographie
- Arthroskopie

**THERAPIE**

*Konservative Therapie*
- Medikamente (Analgetika, Antibiotika)
- Physiotherapie
- Gelenkimmobilisation
- Gelenkentlastung

*Operative Therapie*
Vor dem Beginn einer chirurgischen Behandlung einer infektiösen Arthritis sollten Ursache und Ausmaß der Infektion sowie eine systemische Mitbeteiligung (z. B. Sepsis), die infektiöse Aktivität und eventuelle systemische Begleiterkrankungen (z. B. Diabetes mellitus, HIV) eruiert werden.
- Akute Infektion
  - Gelenkpunktion und/oder Arthrozenthese
  - Inzision und Drainage mit Abstrichnahme

- Arthroskopische Chirurgie
- Biopsie
- Chronische Infektion
  - Gelenkpunktion und/oder Arthrozenthese
  - Inzision und Drainage mit Abstrichnahme
  - Arthroskopische Chirurgie
  - Biopsie
  - Entfernung von Implantaten und Fremdkörpern
  - Arthroplastik
- Behandlung von Residuen nach Beseitigung des infektiösen Prozesses
  - Dysgnathieoperation
  - Kiefergelenkrekonstruktion

**RISIKOFAKTOREN**

- Gleichzeitig vorliegende weitere Erkrankungen oder Beschwerden im Kopfbereich (z. B. Pulpitiden, Otitiden)
- Parafunktionen, Habits
- Okklusionsstörungen
- Artikulationsstörungen
- Kiefergelenkdeformitäten oder -mißbildungen
- Angeborene Skelettdeformitäten
- Vorausgegangene Dysgnathie- oder Kiefergelenkoperationen
- Prothetische, konservierende und/oder kieferorthopädische Behandlungen
- Sensible und/oder motorische Nervenerkrankung (temporär oder permanent)
- Vorangegangene Infektionen im Beschwerdebereich
- Chronische Schmerzen (mit einer über 6 Monate bestehenden Schmerzsymptomatik)
- Vorausgegangene Traumata
- Zahnverluste
- Zahnfehlstellungen
- Vorgeschädigte Gewebe
- Psychische Belastung

**KOMPLIKATIONEN**

- Verschlechterung der Beschwerdesymptomatik

**EMPFEHLUNG**

Bei Persistenz eines infektiösen Prozesses muß ein Neuauftritt oder eine Verschlechterung einer zuvor bestehenden Okklusionsstörung in Erwägung gezogen werden. Röntgenologische Nachweise können eine zunehmende oder persistierende Knochenresorption, bei chronischen und fortschreitenden Infektionen auch osteomyelitische Veränderungen sein. Auch bei einer adäquaten Therapie der infektiösen Arthritis des Kiefergelenks kann es v. a. im Kindesalter zu Wachstumsstörungen des Unterkiefers kommen.

## 6.5 Kiefergelenkluxation

**DEFINITION**

Die Unterkieferluxation ist eine Dislokation des nichtfrakturierten Kondylus aus der Gelenkgrube. Bei der fixierten Luxation wird die Rückkehr des Kondylus verhindert. Folge ist eine Kiefersperre mit Blockade des Mundschlusses. Die rezidivierende Unterkieferluxation beschreibt wiederholte Luxationen innerhalb eines kürzeren Zeitraumes. Unter einer persistierenden Unterkieferluxation versteht man die langanhaltende Blockade des Kondylus durch das Tuberkulum und damit die langanhaltende Dislokation außerhalb der Gelenkpfanne. Hierdurch kommt es zu irreversiblen intrakapsulären pathologischen Veränderungen.

**THERAPIEZIELE**

- Beseitigung und Prävention von Luxationen
- Beseitigung der Schmerzsymptomatik
- Reduzierung oder Beseitigung von Kiefergelenkgeräuschen
- Verhinderung eines Fortschreitens der Erkrankung (Reduzierung der Häufigkeit der Luxationen)

**THERAPIEINDIKATIONEN**

- Gesicherte Luxation
- Gelenk- und Muskelschmerzen
- Hypermetrische oder hypometrische Unterkiefermobilität
- Parafunktionen
- Kiefergelenkgeräusche
- Persistierende Luxation mit und ohne degenerative Veränderungen

**UNTERSUCHUNGEN**

*Notwendige Untersuchungen*
- Inspektion
- Palpation
- Röntgen

*Weiterführende Untersuchungen*
- Funktionsanalyse, schädelbezügliche Registrierung
- Arthroskopie

- Axiographie
- Computertomographie
- Magnetresonanztomographie

## THERAPIE

### Konservative Therapie
- Manuelle Unterkieferrepositionierung (Handgriff nach Hypokrates), ggf. in Narkose
- Kieferruhigstellung (Kinnschleuder, intermaxilläre Fixation mittels Gummizügen oder Drahtligaturen)
- Physiotherapie
- Medikamente (Sedativa, Muskelrelaxanzien)
- Absetzen von Medikamenten mit extrapyramidaler Symptomatik
- Diät (weiche Kost)
- Psychotherapie

### Operative Therapie
- Diskusreparatur/Korrektur
- Diskektomie ohne Diskusersatz
- Diskektomie mit Diskusersatz
- Glättung bzw. Modulation der Kiefergelenkfläche
- Eminektomie
- Einbringung von autogenen oder alloplastischen Implantaten zur Einschränkung der Kondylusmobilität
- Beseitigung von dislozierten autogenen oder alloplastischen Implantaten
- Kapselraffung
- Laterale Pterygoidmyotomie
- Temporalmuskelplastik
- Inferior-mediane Frakturierung des Jochbogens
- Dysgnathieoperation
- Modellierende Kondylotomie
- Arthroskopische Chirurgie

## RISIKOFAKTOREN

- Weitere Erkrankungen oder Beschwerden im Kopfbereich (z. B. Pulpitiden, Otitiden)
- Parafunktionen
- Okklusionsstörungen
- Kiefergelenkdeformitäten oder Mißbildungen
- Angeborene Skelettdeformitäten
- Vorangegangene Dysgnathie- oder Kiefergelenkoperationen
- Vorangegangene Infektionen im Beschwerdebereich

**KOMPLIKATIONEN**

- Verschlechterung der Beschwerdesymptomatik
- Verstärkte Neigung zur Unterkieferluxation

**EMPFEHLUNG**

Die Therapie von Kiefergelenkluxationen sollte möglichst frühzeitig einsetzen, da mit einem Fortschreiten der Erkrankung mit zunehmender Luxationshäufigkeit das Ausmaß degenerativer Veränderungen wächst und konservative Behandlungsmaßnahmen immer weniger erfolgversprechend werden. Eine postoperative frühfunktionelle Übungstherapie ist dringend empfohlen.

## 6.6 Ankylose und Unterkieferhypomobilität

**DEFINITION**

Eine Einschränkung der Unterkiefermobilität kann sowohl von intra- als auch von extra-artikulären Prozessen verursacht sein. Die Ankylose des Kiefergelenks ist ein intraartikulärer Prozeß, welcher durch Fibrose oder ossifizierende Obliterationen des Gelenkspaltes gekennzeichnet ist. Als extrakapsuläre Ursache für eine Veränderung der Unterkieferfunktion (Pseudoankylose) kommen eine Fusion des Processus coronoideus mit dem Os zygomaticum, eine Hypertrophie des Processus coronoideus oder eine muskuläre Fibrose in Frage.

**THERAPIEZIELE**

- Beseitigung der Ankylose
- Verbesserung der Unterkiefermobilität
- Verbesserung der Unterkieferfunktion
- Ermöglichung einer zahnärztlichen Behandlung und/oder medizinischen Behandlung
- Verbesserung der Sprache
- Verbesserung der Kaufunktion
- Beseitigung von Schmerzen

**THERAPIEINDIKATIONEN**

- Einschränkung der Unterkiefermobilität
- Parafunktionen
- Sprachstörungen
- Eingeschränkte Möglichkeit zur Mundhygiene und zur zahnärztlichen Behandlung
- Reduktion medizinischer Behandlungsmöglichkeiten (z. B. von endoskopischen Eingriffen oder der Intubationsmöglichkeit bei Allgemeinnarkose)

- Behinderung des Gesichtswachstums sowie der allgemeinen Entwicklung
- Bildgebender Hinweis auf eine ossäre oder Weichgewebedeformität
- Klinischer oder bildgebender Hinweis für eine pathologische Veränderung, welche nicht in der primären Kiefergelenkregion lokalisiert ist (z. B. Koronoidhypertrophie, Fusion des Processus coronoideus mit dem Os zygomaticum)

## UNTERSUCHUNGEN

### Notwendige Untersuchungen
- Inspektion
- Palpation
- Röntgen

### Weiterführende Untersuchungen
- Knochenszintigraphie
- Computertomographie
- 3-D-Computertomographie
- Magnetresonanztomographie

## THERAPIE

### Konservative Therapie
- Funktionskieferorthopädische Therapie
- Physiotherapie
- Medikamentengabe

### Operative Therapie
- Kiefergelenkdehnung in Vollnarkose
- Arthroplastik
- Kondylektomie, partiell oder total, mit oder ohne Kiefergelenkersatz (z. B. chondrokostales Transplantat)
- Koronoidektomie oder Koronoidtomie
- Osteotomie des Jochbeins oder Jochbogens
- Myotomie
- Narbenkorrektur (intraoral und/oder extraoral)
- Dysgnathieoperation für begleitende maxillofaziale Deformitäten

## RISIKOFAKTOREN

- Weitere Erkrankungen oder Beschwerden im Kopfbereich (z. B. Pulpitiden, Otitiden)
- Parafunktionen
- Okklusionsstörungen
- Artikulationsstörungen
- Kiefergelenkdeformitäten oder -mißbildungen

- Angeborene Skelettdeformitäten
- Vorangegangene Dysgnathie- oder Kiefergelenkoperationen
- Vorangegangene Infektionen im Beschwerdebereich

**KOMPLIKATIONEN**

- Verschlechterung der Beschwerdesymptomatik
- Rezidiv

**EMPFEHLUNG**

Bei knöchernen und bindegewebigen Ankylosen ist in der Regel nur eine chirurgische Therapie erfolgversprechend. Postoperativ sollte immer auf eine Sicherung der intraoperativ erreichten Mundöffnung geachtet werden, welche z. B. intermediär durch intraoperativ eingesetzte Bißklötze gewährleistet werden kann. Im Anschluß daran sollte unmittelbar eine Physiotherapie eingeleitet werden.

## 6.7 Kondylushypo- und -hyperplasie

**DEFINITION**

Die Kondylushypo- bzw. -hyperplasie zeichnet sich durch eine abnorme Größe und Konfiguration des Processus condylaris aus. Dies ist häufig mit einer Wachstumstörung im Bereich des Ober- und Unterkiefers oder auch mit anderen skelettalen Deformitäten vergesellschaftet.

**THERAPIEZIELE**

- Verbesserung der Unterkiefermobilität
- Verbesserung der Unterkieferfunktion
- Verhinderung einer Progression der Erkrankung
- Wiederherstellung einer normgerechten Okklusion und Artikulation
- Korrektur und Verbesserung von maxillofazialen Deformitäten.

**THERAPIEINDIKATIONEN**

- Funktionsstörungen im Sinne einer Unterkieferhypo- oder -hypermobilität
- Okklusionsstörung
- Artikulationsstörung
- Maxillofaziale Deformitäten
- Ästhetische Beeinträchtigung

## UNTERSUCHUNGEN

*Notwendige Untersuchungen*
- Inspektion
- Palpation
- Funktionsanalyse mit schädelbezüglicher Registrierung
- Röntgen

*Weiterführende Untersuchungen*
- Arthroskopie
- Axiographie
- Arthrographie
- Knochenszintigraphie
- Computertomographie
- Magnetresonanztomographie

## THERAPIE

*Konservative Therapie*
- Medikamente
- Physiotherapie
- Diät (weiche Kost)

*Operative Therapie*
- Partielle oder totale Kondylektomie
- Arthroplastik
- Partielle oder totale Kiefergelenkrekonstruktion (autogenes oder alloplastisches Transplantat)
- Knochenreduktion und/oder -augmentation
- Weichgewebereduktion und/oder- augmentation
- Maxillofaziale Osteotomien
- Dysgnathieoperation

## RISIKOFAKTOREN

- Weitere Erkrankungen oder Beschwerden im Kopfbereich (z. B. Pulpitiden, Otitiden)
- Parafunktionen
- Okklusionsstörungen
- Kiefergelenkdeformitäten oder Fehlbildungen
- Angeborene Skelettdeformitäten
- Vorangegangene Dysgnathie- oder Kiefergelenkoperationen
- Vorangegangene Infektionen im Beschwerdebereich

## KOMPLIKATIONEN

- Verschlechterung der Beschwerdesymptomatik

**EMPFEHLUNG**

Aufgrund der Deformität des Processus condylaris in den bildgebenden Verfahren wird die Abgrenzung gegenüber pathologischen Neubildungen im Sinne maligner tumoröser Veränderungen mit den erforderlichen diagnostischen und therapeutischen Konsequenzen häufig erschwert.

## 6.8 Idiopathische Kondylusresorption

**DEFINITION**

Die idiopathische Kondylusresorption zeichnet sich durch eine Osteolyse des Processus condylaris des Unterkiefers aus. Dabei wird zwischen einer aktiven (progressiven) und einer stabilen (nichtprogressiven) Resorption unterschieden. Die idiopathische Kondylusresorption (Kondylenosteolyse) kann mit einer erworbenen Unterkieferretrognathie und einem anterior skelettal offenen Biß kombiniert sein.

**THERAPIEZIELE**

- Beseitigung von Schmerzen
- Verbesserung der Unterkiefermobilität
- Verbesserung von Okklusion und Artikulation
- Verhinderung einer Erkrankungsprogression
- Korrektur und Verbesserung von begleitenden maxillofazialen Deformitäten

**THERAPIEINDIKATIONEN**

- Geringe bis stärkere Schmerzen (präaurikuläre Schmerzen, Ohrenschmerzen, Kopfschmerzen)
- Mastikatorische Beschwerden
- Unterkieferhypo- oder -hypermobilität, Kiefergelenkgeräusche (Klicken, Knacken, Krepitation)
- Okklusionsstörung
- Artikulationsstörung
- Bildgebender Nachweis einer kondylären Resorption (Osteolyse)
- Maxillofaziale Deformität

**UNTERSUCHUNGEN**

*Notwendige Untersuchungen*
- Inspektion
- Palpation
- Röntgen

*Weiterführende Untersuchungen*
- Knochenszintigraphie
- Computertomographie
- Magnetresonanztomographie
- Arthroskopie
- Funktionsanalyse
- Schädelbezügliche Registrierung
- Suche nach Primärtumor bei Verdacht auf eine osteolytische Metastase

## THERAPIE

*Konservative Therapie*
- Medikamentengabe
- Physiotherapie
- Intrakapsuläre diagnostische und/oder therapeutische Injektion
- Schienenbehandlung
- Behandlung von Okklusions- und Artikulationsstörungen

*Operative Therapie*
- Arthroplastik
- Resektion
- Biopsie
- Dysgnathieoperation
- Partielle oder totale Kiefergelenkrekonstruktion (autogenes oder alloplastisches Transplantat)

## RISIKOFAKTOREN

- Weitere Erkrankungen oder Beschwerden im Kopfbereich (z. B. Pulpitiden, Otitiden)
- Parafunktionen
- Okklusionsstörungen
- Kiefergelenkdeformitäten oder Fehlbildungen
- Angeborene Skelettdeformitäten
- Vorangegangene Dysgnathie- oder Kiefergelenkoperationen
- Vorangegangene Infektionen im Beschwerdebereich

## KOMPLIKATIONEN

- Verschlechterung der Beschwerdesymptomatik

## EMPFEHLUNG

Eine chirurgische Behandlung ist bei einer ausgeprägten Schmerzsymptomatik und massiven Funktionsstörungen sowie bei Deformitäten größeren Ausmaßes indiziert. Bei der aktiven (progressiven) Kondylusresorption ist die chirurgische Behandlung nur selten zu empfehlen. Auch bei asymptomatischem Verlauf sollte von einer chirurgischen Therapie abgesehen werden. In seltenen Fällen kann das klinische und röntgenologische Bild der Kondylusresorption nur schwer von malignen Prozessen oder anderen pathologischen Veränderungen abzugrenzen sein.

# 7 Plastische und rekonstruktive Chirurgie

**REKONSTRUKTIVE CHIRURGIE**

Die rekonstruktive Chirurgie im Bereich der Mund-, Kiefer- und Gesichtschirurgie umfaßt die chirurgische Korrektur von Weich- und/oder Hartgewebedefekten der Kiefer, des Gesichts, des Schädels und des Halses einschließlich Reduktion, Revision, Augmentation, Transplantation und Implantation. Dadurch sollen die Funktion und Ästhetik wiederhergestellt werden. Die Prinzipien in der rekonstruktiven Chirurgie im Mund-, Kiefer- und Gesichtsbereich gleichen denen am übrigen Körper.

Die Lokalisation im Kopf-Halsbereich erfordert jedoch besondere Beachtung der funktionellen und ästhetischen Voraussetzungen. Gleichzeitig muß besondere Sorgfalt auf die ästhetische Form, Kaufunktion und Zahnentwicklung gelegt werden. Der behandelnde Chirurg muß daher die diagnostischen und technischen Prinzipien beherrschen, welche an der normalen Funktion und am ästhetischen Erscheinungsbild ausgerichtet sind. Die schnelle Entwicklung neuer bioinerter Materialien sowie des autogenen Gewebetransfers hat zu stürmischen Fortschritten auf diesem Gebiet geführt.

**ÄSTHETISCHE KIEFERCHIRURGIE**

Die ästhetische Chirurgie im Bereich der Mund-, Kiefer- und Gesichtschirurgie zielt darauf ab, das Erscheinungsbild des Patienten normgerecht zu gestalten und damit zu verbessern. Die Eingriffe betreffen sowohl Hart- als auch Weichgewebestrukturen: Korrektur von maxillofazialen Konturen, Korrektur der Augenlider, der Nasenform, der Gesichtsweichteile, der Halsweichteile, der Kinnform, Korrektur von Fettdepots, Korrektur der Hautstrukturen und Korrektur der Ohrmuscheln. Die ästhetische Beurteilung der Ausgangssituation ist dabei subjektiven Kriterien unterworfen. Es sollte berücksichtigt werden, daß die hier vorliegenden Leitlinien keinen Anspruch auf eine definitive Festlegung von Form und Erscheinungsbild geben. Die Entscheidung für die durchzuführende Behandlungsmaßnahme sollte in einem Dialog von Arzt und Patient erörtert werden, in welchen subjektive und objektive Kriterien und Beurteilungsmöglichkeiten einfließen. Dabei sollten Nutzen und Risiken der Behandlung gegeneinander abgewogen werden.

**OPERATIONSZEITPUNKT**

*Sofortige Rekonstruktion*
- Wenn eine sofortige Hartgeweberekonstruktion vielversprechend erscheint (z. B. ausreichende vaskuläre Versorgung)
- Bei funktionell erheblicher Beeinträchtigung
- Bei benignen Tumoren
- Wenn von einer vollständigen Tumorbeseitigung ausgegangen werden kann
- Wenn es aufgrund der psychologischen und/oder psychiatrischen Situation des Patienten anzuraten ist
- Als palliative Maßnahme bei Patienten mit entstellenden Form- und Funktionsstörungen

*Zweizeitige Rekonstruktion*
- Wenn eine sofortige Hartgeweberekonstruktion nicht vielversprechend ist (z. B. orale Infektion, insuffiziente vaskuläre Versorgung)
- In der Tumorchirurgie, falls nicht sicher von einer vollständigen Beseitigung des Tumors ausgegangen werden kann und/oder bei malignen Tumoren
- Bei palliativer Rekonstruktion im Falle einer ästhetischen Entstellung

**THERAPIEERGEBNIS**

Bei allen rekonstruktiven und ästhetischen Eingriffen kann das Therapieergebnis sowohl nach subjektiven als auch nach objektiven Gesichtspunkten beurteilt werden. Bei der subjektiven Beurteilung des Therapieergebnisses sind u. a. das zugrundegelegte Schönheitsideal wie auch die Beweggründe des Patienten, welche zu diesem Eingriff geführt haben, von Bedeutung. So wird z. B. ein Patient, welcher sich aus einer Lebenskrise heraus zu einem ästhetischen Eingriff entschlossen hat, nur selten mit dem postoperativen Ergebnis zufrieden sein.
Gute Therapieergebnisse werden v. a. von nachfolgenden Gesichtspunkten beeinflußt.

*Subjektiv*
- Patient zufrieden mit dem postoperativen Ergebnis
- Verbesserung des Patientenselbstwertgefühls und der Lebensqualität

*Objektiv*
- Erreichen des präoperativ geplanten und gewünschten Therapiezieles
- Postoperativ unveränderte oder verbesserte neurologische (sensible und/oder motorische) Funktion

## 7.1 Unterkiefer- und Oberkieferdefekte

**DEFINITION**

Der partielle oder totale Verlust des Unterkiefers oder Oberkiefers infolge Tumor, Trauma, Fehlbildung oder Entzündung kann eine operative Rekonstruktion dieser Strukturen erforderlich machen.

**THERAPIEZIELE**

- Ersatz des fehlenden Hartgewebes
- Ersatz des fehlenden Weichgewebes
- Verbesserung der Hart- und Weichgewebestrukturen
- Verbesserung der Gesichtssymmetrie
- Verbesserung des ästhetischen Erscheinungsbildes
- Verbesserung der Kau-, Schluck- und Sprachfunktion
- Verbesserung der Atmung
- Verbesserung des sozialen und psychischen Befindens

**THERAPIEINDIKATIONEN**

- Behinderung der Kau-, Sprach- und Schluckfunktion
- Okklusionsstörung
- Artikulationsstörung
- Ernährungsdefizit
- Ungenügende Knochenunterstützung der Weichgewebe und orofazialer Strukturen
- Luftpassagebehinderung
- Gesichtsasymmetrie
- Kiefergelenkschmerz- und/oder -dysfunktion
- Geplante Implantatversorgung
- Psychische Beeinträchtigung

**UNTERSUCHUNGEN**

*Notwendige Untersuchungen*
- Inspektion
- Palpation
- Funktionsprüfung
- Röntgen in 2 Ebenen

*Weiterführende Untersuchungen*
- Computertomographie
- 3-D-Computertomographie
- Magnetresonanztomographie
- Dopplersonographie

## THERAPIE

### Konservative Therapie
- Prothetischer und/oder epithetischer Defektausgleich (evtl. in Kombination mit Implantaten zur Fixierung/Stabilisierung)
- Funktionelle Maßnahmen (Okklusionsführung, Myotherapie)

### Operative Therapie
*Hartgeweberekonstruktion*
- Autogener Knochen
    - Freie Knochentransplantate (z. B. Becken, Rippen, Kalotte, Tibia, maxillofazialer Knochen)
    - Mikrovaskuläre Transplantate (Osteomyokutanflap, Osteokutanflap)
    - Gefäßgestieltes Knochentransplantat
    - Präparierter autogener Knochen
- Alloplastisches Material
    - Platten, Schrauben, Drähte
    - Synthetische Knochenersatzmaterialien (Hydroxylapatitkeramik)
    - Allogener Knochen oder Knorpel (bestrahlt, „triple-A-bone")
    - Guided-bone-Regeneration (resorbierbare/nichtresorbierbare Membran)
    - Kunststoff, Metall
- Fixation und Stabilisation
    - Übungsstabile Platten
    - Funktionsstabile Platten
    - Intraossäre Drahtnaht
    - Fixateur externe
    - Intermaxilläre Fixation
    - Intraoraler Splint
    - Titanmesh

*Weichgeweberekonstruktion*
- Gewebe aus der unmittelbaren Nachbarschaft (Verschiebe-, Rotations-, Transpositions- und Insellappen)
- Gewebe aus der weiteren Umgebung (gestielter Myokutanlappen)
- Frei transplantiertes Gewebe (Spalthaut, Vollhaut, mikrochirurgisch anastomosiertes Transplantat)

## RISIKOFAKTOREN

- Störung der Knochenstruktur
- Störung der Weichgewebestruktur
- Bestehende Infektion
- Ungünstige lokale oder systemische Reaktion auf Implantations- oder Transplantationsmaterial (z. B. Hypersensibilität, Fremdkörperreaktion, Fibrosierung)
- Verwendung von kontaminierten oder infektiösen Materialien

- Bestehende Erkrankung der Kiefergelenke
- Grad und Ausmaß der Deformität
- Vorausgegangene Gewebeschädigung (operativ, metabolisch, thermisch, chemisch, Radiatio)
- Neigung zur hypertrophen Narbenbildung und/oder Keloidbildung
- Luftpassagebehinderung

**KOMPLIKATIONEN**

- Störung der Dentition
- Sprachstörung
- Neurogene Funktionsstörung
- Verlust von Knochen, Zähnen und/oder Weichgewebe
- Verlust des transplantierten Gewebes
- Dislokation des transplantierten Gewebes
- Pseudarthrose, fehlende Knochenheilung
- Fehlende Verbesserung oder Verschlechterung der Form und/oder Funktion
- Narbenbildung
- Gesichtsasymmetrie
- Verschlechterung der Form und/oder Funktion im Bereich der Spenderlokalisation bei durchgeführter Gewebetransplantation

## 7.2 Jochbeindefekte

**DEFINITION**

Jochbeindefekte treten als Folge eines Unfalls, einer Tumorerkrankung oder als Operationsfolge (z. B. nach Schädelbasisoperationen) auf.

**THERAPIEZIELE**

- Ersatz von fehlendem oder disloziertem Hartgewebe und/oder Weichgewebe
- Wiederherstellung der physiologischen Funktion
- Verbesserung der Mobilität des Unterkiefers
- Verbesserung der Gesichtssymmetrie
- Verbesserung der infraorbitalen sensiblen Funktionsstörungen
- Verbesserung der Unterstützung von Weichgewebestrukturen
- Entfernung von Fremdkörpern
- Verbesserung der Position und Funktion der Orbitae
- Verbesserung der Funktion der Kieferhöhlen
- Verbesserung des Erscheinungsbildes
- Verbesserung des sozialen und psychologischen Wohlbefindens

**THERAPIEINDIKATIONEN**
- Fehlende Unterstützung der Weichgewebe
- Jochbogenfehlstellung
- Augenfunktionsstörung
- Schmerzen
- Parästhesie
- Anästhesie
- Funktionsstörung und/oder rezidivierende Infektion der Kieferhöhle
- Gesichtsasymmetrie
- Fremdkörper
- Behinderung der Unterkiefermobilität
- Aufgrund von Befunden aus der klinischen Untersuchung und von bildgebenden Untersuchungen (z. B. Computertomographie, Magnetresonanztomographie, Röntgendiagnostik)
- Temporale Einziehung als Folge von Knochendefekten oder einer Jochbeindislokation

**UNTERSUCHUNGEN**

*Notwendige Untersuchungen*
- Inspektion
- Palpation
- Prüfung der Mundöffnung und Kaufunktion
- Röntgen

*Weiterführende Untersuchungen*
- 3-D-Computertomographie
- Magnetresonanztomographie
- Computertomographie

**THERAPIE**

*Konservative Therapie*
- Prothetische und/oder epithetische Defektdeckung (evtl. in Kombination mit Implantaten zur Fixierung/Stabilisierung)

*Operative Therapie*
*Hartgeweberekonstruktion*
- Autogener Knochen
  - Freie Knochentransplantate (z. B. Becken, Rippen, Kalotte, Tibia, maxillofazialer Knochen)
  - Mikrovaskuläre Transplantate (Osteomyokutanflap, Osteokutanflap)
  - Gefäßgestieltes Knochentransplantat
  - Präparierter autogener Knochen

- Alloplastisches Material
  - Platten, Schrauben, Drahtnähte
  - Synthetische Knochenersatzmaterialien (Hydroxylapatitkeramik)
  - Allogener Knochen oder Knorpel (bestrahlt, „triple-A-bone")
  - Kunststoff, Metall

*Weichgeweberekonstruktion*
- Gewebe aus der unmittelbaren Nachbarschaft (Verschiebe-, Rotations-, Transpositions- und Insellappen)
- Gewebe aus der weiteren Umgebung (gestielter Myokutanlappen)
- Frei transplantiertes Gewebe (Spalthaut, Vollhaut, mikrochirurgisch anastomosiertes Transplantat)
- Tissueexpander

**RISIKOFAKTOREN**

- Störung der Knochenstruktur
- Störung der Weichgewebestruktur
- Bestehende Infektion
- Ungünstige lokale oder systemische Reaktion auf Implantations- oder Transplantationsmaterial (z. B. Hypersensibilität, Fremdkörperreaktion, Fibrosierung)
- Verwendung von kontaminierten oder infektiösen Materialien
- Grad und Ausmaß der Deformität
- Vorausgegangene Gewebeschädigung (operativ, metabolisch, thermisch, chemisch, Radiatio)
- Neigung zur hypertrophen Narbenbildung und/oder Keloidbildung

**KOMPLIKATIONEN**

- Neurogene Funktionsstörung
- Verlust von Knochen und/oder Weichgewebe
- Verlust des transplantierten Gewebes
- Dislokation des transplantierten Gewebes
- Pseudarthrose, fehlende Knochenheilung
- Fehlende Verbesserung oder Verschlechterung der Form und/oder Funktion
- Narbenbildung
- Gesichtsasymmetrie
- Verschlechterung der Form und/oder Funktion im Bereich der Spenderlokalisation bei durchgeführter Gewebetransplantation

## 7.3 Knöcherne Orbitadefekte

**DEFINITION**

Knöcherne Orbitadefekte treten als Folge eines Unfalls, einer Tumorerkrankung oder als Operationsfolge auf.

**THERAPIEZIELE**

- Verbesserung der okulären Funktion
- Verbesserung der Orbitaposition
- Schutz vor okulären Verletzungen
- Schutz des ZNS
- Verschluß einer orbitoantralen Fistel
- Verbesserung der Gesichtssymmetrie
- Rekonstruktion des Ductus nasolacrimalis
- Beseitigung einer Stirnhöhlenfunktionsstörung
- Langfristiger Erhalt der Form und Funktion der Orbita
- Beseitigung von Nervenfunktionsstörungen

**THERAPIEINDIKATIONEN**

- Okuläre Funktionsstörung (z. B. Diplopie)
- Orbitafehlstellung (z. B. Hypertelorismus, Dystrophie)
- Enophthalmus
- Erhöhte Infektionsneigung und Verletzungsgefahr
- Insuffizienter Schutz vor ZNS-Verletzung
- Orbitoantrale Fistel
- Gesichtsasymmetrien
- Funktionsstörung des Ductus nasolacrimalis (z. B. Epiphora)
- Stirnhöhlenfunktionsstörung

**UNTERSUCHUNGEN**

*Notwendige Untersuchungen*
- Inspektion
- Palpation
- Röntgen
- Augenärztliche Untersuchung

*Weiterführende Untersuchungen*
- Computertomographie
- 3-D-Computertomographie
- Magnetresonanztomographie

## THERAPIE

*Konservative Therapie*
- Prothetische und/oder epithetische Defektdeckung (evtl. in Kombination mit Implantaten zur Fixierung/Stabilisierung)

*Operative Therapie*
*Hartgeweberekonstruktion*
- Autogener Knochen
  - Freie Knochentransplantate (z. B. Becken, Rippen, Kalotte, Tibia, maxillofazialer Knochen)
  - Mikrovaskuläre Transplantate (Osteomyokutanflap, Osteokutanflap)
  - Gestieltes Knochentransplantat
  - Präparierter autogener Knochen
- Alloplastisches Material
  - Platten, Schrauben, Drähte
  - Synthetische Knochenersatzmaterialien (Hydroxylapatitkeramik, Polydioxanon)
  - Allogener Knochen oder Knorpel (bestrahlt, „triple-A-bone")
  - Kunststoff, Metall

*Weichgeweberekonstruktion*
- Gewebe aus der unmittelbaren Nachbarschaft (Verschiebe-, Rotations-, Transpositions- und Insellappen)
- Gewebe aus der weiteren Umgebung (gestielter Myokutanlappen)
- Frei transplantiertes Gewebe (Spalthaut, Vollhaut, mikrochirurgisch anastomosiertes Transplantat)
- Tissueexpander

## RISIKOFAKTOREN

- Störung der Knochenstruktur
- Störung der Weichgewebestruktur
- Bestehende Infektion
- Ungünstige lokale oder systemische Reaktion auf Implantations- oder Transplantationsmaterial (z. B. Hypersensibilität, Fremdkörperreaktion, Fibrosierung)
- Verwendung von kontaminierten oder infektiösen Materialien
- Grad und Ausmaß der Deformität
- Vorausgegangene Gewebeschädigung (operativ, metabolisch, thermisch, chemisch, Radiatio)
- Neigung zur hypertrophen Narbenbildung und/oder Keloidbildung

## KOMPLIKATIONEN

- Neurogene Funktionsstörung
- Verlust von Knochen und/oder Weichgewebe

- Verlust des transplantierten Gewebes
- Dislokation des transplantierten Gewebes
- Pseudarthrose, fehlende Knochenheilung
- Fehlende Verbesserung oder Verschlechterung der Form und/oder Funktion
- Narbenbildung
- Gesichtsasymmetrie
- Verschlechterung der Form und/oder Funktion im Bereich der Spenderlokalisation bei durchgeführter Gewebetransplantation

## 7.4 Knöcherne Nasendefekte

**DEFINITION**

Knöcherne Nasendefekte treten meist als Folge eines Unfalls, einer Tumorerkrankung oder als Operationsfolge auf.

**THERAPIEZIELE**

- Wiederherstellung der Form und Funktion der Nase
- Ersatz von fehlendem Hartgewebe
- Ersatz von fehlendem Weichgewebe
- Verbesserung der physiologischen Funktion
- Verbesserung der Sprache
- Verbesserung des Erscheinungsbildes
- Verbesserung der Gesichtssymmetrie
- Verbesserung der Unterstützung der Nasenweichgewebe
- Verbesserung der Luftpassage
- Verschluß einer oronasalen Fistel
- Beseitigung von Fremdkörpern
- Rekonstruktion des Ductus nasolacrimalis
- Verbesserung der Funktion der Nasennebenhöhlen
- Verbesserung des sozialen und psychologischen Wohlbefindens

**THERAPIEINDIKATIONEN**

- Insuffiziente Unterstützung von Nasenweichgewebe
- Obstruktion der nasalen Luftwege
- Funktionsstörung der Nasennebenhöhlen
- Gesichtsasymmetrie
- Externe Deformität der Nase (z. B. Sattelnase, Schiefnase)
- Vorliegen von Fremdkörpern
- Hypernasale Sprache
- Oronasale Fistel

## UNTERSUCHUNGEN

*Notwendige Untersuchungen*
- Inspektion
- Palpation
- Röntgen

*Weiterführende Untersuchungen*
- Computertomographie
- 3-D-Computertomographie
- Magnetresonanztomographie

## THERAPIE

*Konservative Therapie*
- Prothetische und/oder epithetische Defektdeckung (evtl. in Kombination mit Implantaten zur Fixierung/Stabilisierung)

*Operative Therapie*
*Hartgeweberekonstruktion*
- Autogener Knochen
  - Freie Knochentransplantate (z. B. Becken, Rippen, Kalotte, Tibia, maxillofazialer Knochen)
  - Mikrovaskuläre Transplantate (Osteomyokutanflap, Osteokutanflap)
  - Gefäßgestieltes Knochentransplantat
  - Präparierter autogener Knochen
- Alloplastisches Material
  - Platten, Schraube, Drahtnähte
  - Synthetische Knochenersatzmaterialien (Hydroxylapatitkeramik)
  - Allogener Knochen oder Knorpel („triple-A-bone")
  - Kunststoff, Metall

*Weichgeweberekonstruktion*
- Gewebe aus der unmittelbaren Nachbarschaft (Verschiebe-, Rotations-, Transpositions- und Insellappen)
- Gewebe aus der weiteren Umgebung (gestielter Myokutanlappen)
- Frei transplantiertes Gewebe (Spalthaut, Vollhaut, mikrochirurgisch anastomosiertes Transplantat)
- Tissueexpander

## RISIKOFAKTOREN

- Störung der Knochenstruktur
- Störung der Weichgewebestruktur
- Bestehende Infektion
- Ungünstige lokale oder systemische Reaktion auf Implantations- oder Transplantationsmaterial (z. B. Hypersensibilität, Fremdkörperreaktion, Fibrosierung)

- Verwendung von kontaminierten oder infektiösen Materialien
- Grad und Ausmaß der Deformität
- Vorausgegangene Gewebeschädigung (operativ, metabolisch, thermisch, chemisch, Radiatio)
- Neigung zur hypertrophen Narbenbildung und/oder Keloidbildung
- Luftpassagebehinderung

**KOMPLIKATIONEN**

- Sprachstörung
- Neurogene Funktionsstörung
- Verlust von Knochen und/oder Weichgewebe
- Verlust des transplantierten Gewebes
- Dislokation des transplantierten Gewebes
- Pseudarthrose, fehlende Knochenheilung
- Fehlende Verbesserung oder Verschlechterung der Form und/oder Funktion
- Narbenbildung
- Gesichtsasymmetrie
- Verschlechterung der Form und/oder Funktion im Bereich der Spenderlokalisation bei durchgeführter Gewebetransplantation

## 7.5 Knöcherne kraniofaziale Deformitäten

**DEFINITION**

Eine kraniofaziale Deformität liegt vor, wenn die knöcherne Kontur oder die Weichgewebekontur im Bereich des Gesichts nicht dem gängigen Schönheitsideal entspricht und hierdurch eine Beeinträchtigung des Selbstwertgefühls des Patienten sowie seiner Lebensqualität resultiert.

**THERAPIEZIELE**

- Verbesserung des Erscheinungsbildes
- Verbesserung der Funktion
- Steigerung des Selbstwertgefühls und der Lebensqualität des Patienten
- Ästhetische Verbesserung der Haut- und/oder Weichgewebekontur
- Stabilisierung der neu gewonnenen knöchernen und/oder Weichgewebekontur

**THERAPIEINDIKATIONEN**

Bei der Indikation zur Therapie einer kraniofazialen Deformität muß zwischen den subjektiven und den objektiven Kriterien unterschieden werden.

*Subjektive Kriterien*
- Wunsch des Patienten zur Konturkorrektur
- Steigerung des Selbstwertgefühls und der Lebensqualität

*Objektive Kriterien*
- Klinischer und/oder bildgebender Nachweis (röntgenologisch oder Photo) einer Knochen- und/oder Weichgewebedeformität
- Funktionelle Deformitäten, die das Erscheinungsbild beeinflussen (z. B. Nasendeformität)

## UNTERSUCHUNGEN

*Notwendige Untersuchungen*
- Inspektion
- Palpation
- Röntgen

*Weiterführende Untersuchungen*
- Computertomographie
- 3-D-Computertomographie
- Magnetresonanztomographie
- Profilanalyse

## THERAPIE

*Hartgeweberekonstruktion*
- Osteotomie mit skelettaler Verlagerung
- Interpositions- und/oder Auflagerungsosteoplastik mittels autogenem, allogenem oder alloplastischem Material
- Modellierende Knorpel- und/oder Knochenkorrektur
- Unterkiefer: Mandibularosteotomie, Mandibularostektomie, alloplastische Augmentation
- Nase: offene oder geschlossene Rhinoplastik

*Weichgeweberekonstruktion*
- Gewebe aus der unmittelbaren Nachbarschaft (Verschiebe-, Rotations-, Transpositions- und Insellappen)
- Gewebe aus der weiteren Umgebung (gestielter Myokutanlappen)
- Frei transplantiertes Gewebe (Spalthaut, Vollhaut, mikrochirurgisch anastomosiertes Transplantat)
- Tissueexpander

## RISIKOFAKTOREN

- Störung der Knochenstruktur
- Störung der Weichgewebestruktur
- Bestehende Infektion

- Ungünstige lokale oder systemische Reaktion auf Implantations- oder Transplantationsmaterial (z. B. Hypersensibilität, Fremdkörperreaktion, Fibrosierung)
- Verwendung von kontaminierten oder infektiösen Materialien
- Bestehende Erkrankung des Kiefergelenks
- Grad und Ausmaß der Deformität
- Vorausgegangene Gewebeschädigung (operativ, metabolisch, thermisch, chemisch, Radiatio)
- Neigung zur hypertrophen Narbenbildung und/oder Keloidbildung
- Luftpassagebehinderung

**KOMPLIKATIONEN**

- Neurogene Funktionsstörung
- Verlust von Knochen und/oder Weichgewebe
- Verlust des transplantierten Gewebes
- Dislokation des transplantierten Gewebes
- Pseudarthrose, fehlende Knochenheilung
- Fehlende Verbesserung oder Verschlechterung der Form und/oder Funktion
- Narbenbildung
- Gesichtsasymmetrie
- Verschlechterung der Form und/oder Funktion im Bereich der Spenderlokalisation bei durchgeführter Gewebetransplantation

## 7.6 Knöcherne Defekte im Bereich des Gesichts

**DEFINITION**

Knöcherne Defekte im Gesichtsbereich treten als Folge eines Unfalls, einer Tumorerkrankung oder als Operationsfolge auf.

**THERAPIEZIELE**

- Ersatz von fehlendem Hartgewebe
- Ersatz von fehlendem Weichgewebe
- Entfernung von überschüssigem Hartgewebe
- Verbesserung der physiologischen Funktion von Orbitae und Sinus frontalis
- Verbesserung der Gesichtssymmetrie
- Verbesserung von Schmerzen, Parästhesien, Anästhesien oder Paralysen im Stirn- und Augenbrauenbereich
- Verbesserung der Unterstützung der Weichgewebe im Stirnbereich
- Verbesserung des Schutzes des ZNS
- Entfernung von Fremdkörpern
- Verbesserung der Funktion des Sinus frontalis (z. B. bei rezidivierenden Nasennebenhöhleninfektionen)

Knöcherne Defekte im Bereich des Gesichts    161

- Beseitigung von pathologischen Veränderungen
- Verbesserung des Erscheinungsbildes
- Verbesserung des sozialen und psychologischen Wohlbefindens

**THERAPIEINDIKATIONEN**

- Fehlender Schutz des ZNS
- Fehlende Unterstützung der Weichgewebe
- Schmerz
- Parästhesie, Anästhesie oder Paralyse
- Funktionsstörung des Sinus frontalis (z. B. fehlende Drainage)
- Infektion des Sinus frontalis, Mukozele oder sonstige pathologische Veränderungen
- Gesichtsasymmetrie
- Ästhetische Konturdefekte
- Fremdkörper

**UNTERSUCHUNGEN**

*Notwendige Untersuchungen*
- Inspektion
- Palpation
- Röntgen

*Weiterführende Untersuchungen*
- Computertomographie
- 3-D-Computertomographie
- Magnetresonanztomographie

**THERAPIE**

*Hartgeweberekonstruktion*
- Osteotomie mit skelettaler Verlagerung
- Interpositions- und/oder Auflagerungsosteoplastik mittels autogenem, allogenem oder alloplastischem Material
- Modellierende Knorpel- und/oder Knochenkorrektur
- Unterkiefer: Mandibularosteotomie, Mandibularostektomie, alloplastische Augmentation
- Nase: offene oder geschlossene Rhinoplastik

*Weichgeweberekonstruktion*
- Gewebe aus der unmittelbaren Nachbarschaft (Verschiebe-, Rotations-, Transpositions- und Insellappen)
- Gewebe aus der weiteren Umgebung (gestielter Myokutanlappen)
- Frei transplantiertes Gewebe (Spalthaut, Vollhaut, mikrochirurgisch anastomosiertes Transplantat)
- Tissueexpander

## Plastische und rekonstruktive Chirurgie

**RISIKOFAKTOREN**

- Störung der Knochenstruktur
- Störung der Weichgewebestruktur
- Bestehende Infektion
- Ungünstige lokale oder systemische Reaktion auf Implantations- oder Transplantationsmaterial (z. B. Hypersensibilität, Fremdkörperreaktion, Fibrosierung)
- Verwendung von kontaminierten oder infektiösen Materialien
- Bestehende Erkrankung des Kiefergelenks
- Grad und Ausmaß der Deformität
- Vorausgegangene Gewebeschädigung (operativ, metabolisch, thermisch, chemisch, Radiatio)
- Neigung zur hypertrophen Narbenbildung und/oder Keloidbildung
- Luftpassagebehinderung

**KOMPLIKATIONEN**

- Neurogene Funktionsstörung
- Verlust von Knochen und/oder Weichgewebe
- Verlust des transplantierten Gewebes
- Dislokation des transplantierten Gewebes
- Pseudarthrose, fehlende Knochenheilung
- Fehlende Verbesserung oder Verschlechterung der Form und/oder Funktion
- Narbenbildung
- Gesichtsasymmetrie
- Verschlechterung der Form und/oder Funktion im Bereich der Spenderlokalisation bei durchgeführter Gewebetransplantation

## 7.7 Weichgewebedefekte im Bereich des Gesichts

**DEFINITION**

Weichegewebedefekte im Gesichtsbereich treten als Folge eines Unfalls, einer Tumorerkrankung oder als Operationsfolge auf.

**THERAPIEZIELE**

- Ersatz von fehlendem Weichgewebe
- Wiederherstellung der physiologischen Funktion
- Verbesserung des Erscheinungsbildes
- Verbesserung der neurologischen Funktion
- Verbesserung des Schutzes von empfindlichen Strukturen (z. B. Orbita, Nasenknorpel)
- Verbesserung von Narben und Narbenkontrakturen

- Verbesserung des sozialen und psychologischen Wohlbefindens
- Verbesserung der Mobilität
- Verbesserung der Nahrungsaufnahme und Sprache
- Verschluß von orofazialen Fisteln
- Korrektur eines Ektropiums oder Entropiums

**THERAPIEINDIKATIONEN**

- Narbenkontraktur (z. B. Augenbrauen, Augenlider, Lippen)
- Ästhetische Deformität
- Neurologische Funktionsstörung (Schmerzen, Parästhesie, Anästhesie, Paralyse)
- Gesichtsasymmetrie
- Ptosis
- Qualitative oder quantitative Weichgewebeschädigung (z. B. nach Radiatio)
- Mobilitätsstörung (Narbenkontraktur)
- Ektropium oder Entropium
- Orale Fistel
- Fehlende Weichgewebeabdeckung knöcherner oder knorpeliger Strukturen (z. B. Nasenknochen, Unterkiefer)
- Fremdkörper

**UNTERSUCHUNGEN**

*Notwendige Untersuchungen*
- Inspektion
- Palpation
- Photodokumentation
- Gegebenenfalls Röntgen

*Weiterführende Untersuchungen*
- Computertomographie
- 3-D-Computertomographie
- Magnetresonanztomographie

**THERAPIE**

*Weichgeweberekonstruktion*
- Gewebe aus der unmittelbaren Nachbarschaft (Verschiebe-, Rotations-, Transpositions- und Insellappen)
- Gewebe aus der weiteren Umgebung (gestielter Myokutanlappen)
- Frei transplantiertes Gewebe (Spalthaut, Vollhaut, mikrochirurgisch anastomosiertes Transplantat)
- Tissueexpander

**RISIKOFAKTOREN**

- Störung der Knochenstruktur
- Störung der Weichgewebestruktur
- Bestehende Infektion
- Ungünstige lokale oder systemische Reaktion auf Implantations- oder Transplantationsmaterial (z. B. Hypersensibilität, Fremdkörperreaktion, Fibrosierung)
- Verwendung von kontaminierten oder infektiösen Materialien
- Grad und Ausmaß der Deformität
- Vorausgegangene Gewebeschädigung (operativ, metabolisch, thermisch, chemisch, Radiatio)
- Neigung zur hypertrophen Narbenbildung und/oder Keloidbildung

**KOMPLIKATIONEN**

- Neurogene Funktionsstörung
- Verlust von Knochen und/oder Weichgewebe
- Verlust des transplantierten Gewebes
- Dislokation des transplantierten Gewebes
- Pseudarthrose, fehlende Knochenheilung
- Fehlende Verbesserung oder Verschlechterung der Form und/oder Funktion
- Narbenbildung
- Gesichtsasymmetrie
- Verschlechterung der Form und/oder Funktion im Bereich der Spenderlokalisation bei durchgeführter Gewebetransplantation

## 7.8 Weichgewebedefekte im Bereich der Mundhöhle

**DEFINITION**

Weichgewebedefekte im Bereich der Mundhöhle treten meist als Folge einer Tumorerkrankung oder als Operationsfolge auf.

**THERAPIEZIELE**

- Verbesserung der Kaufunktion
- Verbesserung des Prothesenlagers und der prothetischen Rehabilitationsmöglichkeiten
- Verbesserung der Unterkiefermobilität
- Verbesserung der Sprache
- Verbesserung der Schluckfunktion
- Verbesserung der Ernährungsmöglichkeit
- Verbesserung der Gesichtssymmetrie und des Erscheinungsbildes
- Unterstützung von Hart- und Weichgewebestrukturen

- Verbesserung der Luftpassage
- Verschluß von oronasalen oder orofazialen Fisteln
- Verbesserung der Funktion der Nasennebenhöhlen
- Verringerung einer bestehenden Xerostomie
- Verbesserung von parodontalen Erkrankungen
- Korrektur und Begrenzung von abnormen Zahndurchbrüchen
- Erhalt von Form und Funktion
- Verbesserung des sozialen und psychosozialen Wohlbefindens

**THERAPIEINDIKATIONEN**

- Quantitative oder qualitative Weichgewebedefekte
- Behinderte Kaufunktion
- Behinderte prothetische Funktion und Rehabilitationsmöglichkeit
- Eingeschränkte funktionelle Mobilität (z. B. Narbenkontraktur, fibröse Ankylose)
- Sprachbehinderung
- Schluckbehinderung
- Ernährungsbehinderung
- Oronasale oder/und orofaziale Fistel
- Systemische pathologische Veränderung
- Fremdkörper

**UNTERSUCHUNGEN**

*Notwendige Untersuchungen*
- Inspektion
- Palpation
- Funktionsanalyse
- Gegebenenfalls Röntgen

*Weiterführende Untersuchungen*
- Computertomographie
- Magnetresonanztomographie

**THERAPIE**

*Weichgeweberekonstruktion*
- Gewebe aus der unmittelbaren Nachbarschaft (Verschiebe-, Rotations-, Transpositions- und Insellappen)
- Gewebe aus der weiteren Umgebung (gestielter Myokutanlappen)
- Frei transplantiertes Gewebe (Spalthaut, Vollhaut, mikrochirurgisches Transplantat)

**RISIKOFAKTOREN**

- Störung der Weichgewebestruktur
- Bestehende Infektion
- Ungünstige lokale oder systemische Reaktion auf Implantations- oder Transplantationsmaterial (z. B. Hypersensibilität, Fremdkörperreaktion, Fibrosierung)
- Verwendung von kontaminierten oder infektiösen Materialien
- Bestehende Erkrankung des Kiefergelenks
- Grad und Ausmaß der Deformität
- Vorausgegangene Gewebeschädigung (operativ, metabolisch, thermisch, chemisch, Radiatio)
- Neigung zur hypertrophen Narbenbildung und/oder Keloidbildung
- Luftpassagebehinderung

**KOMPLIKATIONEN**

- Störung der Dentition
- Neurogene Funktionsstörung
- Verlust von Knochen, Zähnen und/oder Weichgewebe
- Verlust des transplantierten Gewebes
- Fehlende Verbesserung oder Verschlechterung der Form und/oder Funktion
- Narbenbildung
- Gesichtsasymmetrie
- Verschlechterung der Form und/oder Funktion im Bereich der Spenderlokalisation bei durchgeführter Gewebetransplantation

## 7.9 Deformitäten des äußeren Ohres

**DEFINITION**

Deformitäten des äußeren Ohres können angeboren oder postnatal erworben sein. Bei den erworbenen Deformitäten spielen v. a. Infektionen und Traumata eine Rolle.

**THERAPIEZIELE**

- Verbesserung der Kontur des äußeren Ohres
- Verbesserung des biaurikulären Hörens
- Verbesserung des Patientenselbstwertgefühls und Lebensqualität

## THERAPIEINDIKATIONEN

- Bestehende Deformität des äußeren Ohres
- Schlechtes biaurikuläres Hören aufgrund bestehender Deformität des äußeren Ohres
- Wunsch des Patienten zur Konturverbesserung
- Steigerung des Selbstwertgefühls und der Lebensqualität

## UNTERSUCHUNGEN

- Inspektion
- Palpation
- HNO-ärztliche Untersuchung

## THERAPIE

- Otoplastik, ggf. mit Knorpel- und Weichgewebeersatz
- Implantatgetragene Epithese

## RISIKOFAKTOREN

- Störung der Weichgewebestruktur
- Bestehende Infektion
- Ungünstige lokale oder systemische Reaktion auf Implantations- oder Transplantationsmaterial (z. B. Hypersensibilität, Fremdkörperreaktion, Fibrosierung)
- Verwendung von kontaminierten oder infektiösen Materialien
- Grad und Ausmaß der Deformität
- Vorausgegangene Gewebeschädigung (operativ, metabolisch, thermisch, chemisch, Radiatio)
- Neigung zur hypertrophen Narbenbildung und/oder Keloidbildung

## KOMPLIKATIONEN

- Verlust von Weichgewebe
- Verlust des transplantierten Gewebes
- Dislokation des transplantierten Gewebes
- Fehlende Verbesserung oder Verschlechterung der Form und/oder Funktion
- Narbenbildung
- Ohrasymmetrie
- Verschlechterung der Form und/oder Funktion im Bereich der Spenderlokalisation bei durchgeführter Gewebetransplantation

## 7.10 Zervikofazialer Weichgewebeüberschuß

**DEFINITON**

Ein zervikofazialer Weichgewebeüberschuß liegt dann vor, wenn die Weichgewebekontur im Gesichtsbereich nicht dem gängigen Schönheitsideal entspricht und hierdurch eine Beeinträchtigung des Selbstwertgefühls des Patienten sowie seiner Lebensqualität resultiert.

**THERAPIEZIELE**

- Verbesserung des Erscheinungsbildes
- Beseitigung von funktionellen Einschränkungen
- Verbesserung des Selbstwertgefühls des Patienten
- Verbesserung der Lebensqualität des Patienten

**THERAPIEINDIKATIONEN**

- Quantitativer Weichgewebeüberschuß
- Funktionelle Behinderung
- Wunsch des Patienten zur Konturverbesserung
- Steigerung des Selbstwertgefühls und der Lebensqualität

**UNTERSUCHUNGEN**

*Notwendige Untersuchungen*
- Inspektion
- Palpation

*Weiterführende Untersuchungen*
- Ausgangsphoto (aus jüngeren Jahren des Patienten)
- Photodokumentation des präoperativen Status
- Computertomographie
- Magnetresonanztomographie
- Sonographie

**THERAPIE**

- Exzision des überschüssigen Gewebes
- Rhytidektomie
- Geschlossene oder offene Liposuktion
- Gegebenenfalls Verschiebelappenplastik

**RISIKOFAKTOREN**

- Störung der Weichgewebestruktur
- Bestehende Infektion

- Grad und Ausmaß der Deformität
- Vorausgegangene Gewebeschädigung (operativ, metabolisch, thermisch, chemisch, Radiatio)
- Neigung zur hypertrophen Narbenbildung und/oder Keloidbildung

**KOMPLIKATIONEN**
- Neurogene Funktionsstörung
- Verlust von Weichgewebe
- Fehlende Verbesserung oder Verschlechterung der Form und/oder Funktion
- Narbenbildung
- Gesichtsasymmetrie

## 7.11 Hautdeformitäten

**DEFINITION**
Eine Hautdeformität liegt dann vor, wenn die Weichgewebekontur und -textur nicht dem gängigen Schönheitsideal entspricht und hierdurch eine Beeinträchtigung des Selbstwertgefühls des Patienten sowie seiner Lebensqualität resultiert. Hierzu zählen auch hypertrophe Narbenbildung und Keloidbildung.

**THERAPIEZIELE**
- Verbesserung des Erscheinungsbildes
- Verbesserung des Selbstwertgefühls des Patienten
- Verbesserung der Lebensqualität des Patienten
- Beseitigung von funktionellen Einschränkungen

**THERAPIEINDIKATIONEN**
- Wunsch des Patienten zur Korrektur
- Steigerung des Selbstwertgefühls und der Lebensqualität
- Funktionelle Einschränkung

**UNTERSUCHUNGEN**
*Notwendige Untersuchung*
- Inspektion
- Palpation

*Weiterführende Untersuchungen*
- Dermatologisches Konsil
- Röntgen
- Computertomographie
- Magnetresonanztomographie
- Sonographie

**THERAPIE**

- Exzision
- Dermabrasion
- Chemisches Peeling
- Chirurgische Narbenrevision
- Injektion von autologem Material (Hautunterspritzung)
- Laserabtragung („skin resurfacing")
- Transplantation

**RISIKOFAKTOREN**

- Störung der Weichgewebestruktur
- Bestehende Infektion
- Grad und Ausmaß der Deformität
- Vorausgegangene Gewebeschädigung (operativ, metabolisch, thermisch, chemisch, Radiatio)
- Neigung zur hypertrophen Narbenbildung und/oder Keloidbildung

**KOMPLIKATIONEN**

- Neurogene Funktionsstörung
- Verlust von Weichgewebe
- Fehlende Verbesserung oder Verschlechterung der Form und/oder Funktion
- Narbenbildung
- Gesichtsasymmetrie
- Pigmentationsstörungen

## 7.12 Neurologische Defekte/Nervenverletzungen

**DEFINITION**

Nervenverletzungen und neurologische Defizite treten meist als Folge eines Unfalls, einer Tumorerkrankung oder als Operationsfolge auf.

**THERAPIEZIELE**

- Wiederherstellung der sensiblen und/oder motorischen Nervenfunktion
- Verbesserung des äußeren Erscheinungsbildes
- Verbesserung des sozialen und psychosozialen Wohlbefindens

**THERAPIEINDIKATIONEN**

- Vorliegen einer Nervenfunktionsstörung
- Funktionelle Beeinträchtigung des Patienten
- Ästhetische Beeinträchtigung des Patienten
- Psychische und/oder soziale Beeinträchtigung des Patienten

## Neurologische Defekte/Nervenverletzungen

*Primäre Rekonstruktion oder Rekonstruktion innerhalb von 90 Tagen*
- Kontinuitätsunterbrochene Nerven (z. B. N. lingualis, N. facialis)
- Nerven, welche auf größeren Strecken exponiert sind und sich außerhalb ihrer normalen anatomischen knöchernen Strukturen befinden und eine Kontinuitätsunterbrechung aufweisen (z. B. N. alveolaris inferior im Rahmen von Osteotomien)

*Sekundäre, verspätete Rekonstruktion*
- Nichtkontinuitätsunterbrochene Nerven, welche keine schmerzfreie Regeneration aufweisen

*Nichtbeobachtete Verletzung*
- Verletzungen des N. lingualis, welche eine fehlende Spontanregeneration aufweisen
- Bestehende, nichttolerable Triggerschmerzen (z. B. Hyperalgie, Hyperparästhesie, welche durch die medizinischen oder physikalischen Maßnahmen nicht beherrschbar sind)
- Sensible Nervenfunktionsstörungen
- Faziale Muskelparese und Schwäche

### UNTERSUCHUNGEN

*Notwendige Untersuchungen*
- Inspektion
- Palpation
- Sensibilitätsprüfung
- Motorische Funktionsprüfung

*Weiterführende Untersuchungen*
- Neurologisch-fachärztliche Untersuchung
- Reizleitungsgeschwindigkeitsmessung
- Mundöffnungsreflexe
- Computertomographie
- Magnetresonanztomographie

### THERAPIE

*Konservative Therapie*
- Medikamentös
- Nervenstimulation
- Muskelstimulation

*Operative Therapie*
- Nervendekompression
- Nervennaht
- Autogenes Transplantat

- Allogenes Transplantat (freier Nerv, freier Nerv mit alloplastischer Nervenscheide)
- Nerventransposition
- Muskuläre Neurotisation
- Ergänzende chirurgische Maßnahmen (Faszienzügelung, Facelifting)

**RISIKOFAKTOREN**

- Störung der Weichgewebestruktur
- Bestehende Infektion
- Vorausgegangene Gewebeschädigung (operativ, metabolisch, thermisch, chemisch, Radiatio)
- Neigung zur hypertrophen Narbenbildung und/oder Keloidbildung

**KOMPLIKATIONEN**

- Neurogene Funktionsstörung
- Fehlende Verbesserung oder Verschlechterung der Form und/oder Funktion
- Narbenbildung

**EMPFEHLUNG**

Chirurgische Maßnahmen sollten in Abhängigkeit davon getroffen werden, ob bei den vorliegenden Verletzungen mit einer Spontanheilung gerechnet werden kann oder nicht.

## 7.13 Erkrankung mit vaskulären Begleiterscheinungen

**DEFINITION**

Vaskuläre Gewebeschädigungen treten meist als Folge von Traumen, Bestrahlungen oder Durchblutungsstörungen im Rahmen von Allgemeinerkrankungen auf.

**THERAPIEZIELE**

- Erhalt von Weichgeweben, welche schwierig plastisch zu rekonstruieren sind
- Ersatz von Weichgewebe im Falle einer avaskulären Nekrose
- Verbesserung des Erscheinungsbildes
- Präparation eines vaskulären Bettes vor einer geplanten Hartgeweberekonstruktion
- Verringerung der Speichelinkontinenz

**THERAPIEINDIKATIONEN**

- Weichgewebenekrose als Folge einer Bestrahlung (Mundhöhle, Gesicht, Hals)
- Avaskuläre Nekrose als Folge eines maxillofazialen Traumas (Skalp, Nasenspitze, externes Ohr)
- Weichgewebeschädigung in Verbindung mit einer Allgemeinerkrankung (z. B. Diabetes mellitus)

**UNTERSUCHUNGEN**

*Notwendige Untersuchungen*
- Inspektion
- Palpation
- Photodokumentation

*Weiterführende Untersuchungen*
- Röntgen
- Computertomographie
- Magnetresonanztomographie
- Sonographie

**THERAPIE**

*Konservative Therapie*
- Medikamentöse Therapie
- Hyperbare Sauerstofftherapie
- Physikalische Therapie

*Operative Therapie*
- Exzision
- Weichgewebetransfer (lokal, gestielt, mikrovaskulär)
- Wunddébridement (chirurgisch, enzymatisch)

**RISIKOFAKTOREN**

- Störung der Weichgewebestruktur
- Bestehende Infektion
- Vorausgegangene Gewebeschädigung (operativ, metabolisch, thermisch, chemisch, Radiatio)
- Neigung zur hypertrophen Narbenbildung und/oder Keloidbildung

**KOMPLIKATIONEN**

- Neurogene Funktionsstörung
- Verlust von Weichgewebe
- Fehlende Verbesserung oder Verschlechterung der Form und/oder Funktion
- Narbenbildung

# 8 Anästhesie

**DEFINITION**

Unter Anästhesie ist die regionale oder zentrale Schmerzausschaltung zur Durchführung bestimmter Interventionen am Patienten zu verstehen, um dadurch eine sichere und wirkungsvolle Untersuchung und/oder Behandlung durchführen zu können. Voraussetzung ist die Einwilligung des Patienten oder dessen gesetzlichen Vertreters. Zuvor muß der Patient über die Indikation, das Behandlungsziel, die bekannten Vorteile und Risiken, Komplikationen, Alternativen und andere Anästhesiemethoden und deren Wirkung aufgeklärt werden.

## 8.1 Lokalanästhesie

**DEFINITION**

Unter einer Lokalanästhesie versteht man das Herbeiführen einer örtlich und zeitlich begrenzten Schmerz- und Empfindungslosigkeit.

**THERAPIEZIELE**

Das Therapieziel ist die regionale Anästhesie im chirurgischen Arbeitsfeld bei Wiederherstellung der normalen Sensibilität innerhalb eines absehbaren Zeitraumes.

**INDIKATION ZUR LOKALANÄSTHESIE**

- Kleine operative Eingriffe im dentoalveolären, im Kiefer- und im Gesichtsbereich
- Schmerzhafte Untersuchungen
- Unmöglichkeit einer zentralen Schmerzausschaltung (hohes Narkoserisiko)
- Aus therapeutischen oder diagnostischen Gründen (z. B. Trigeminusneuralgie)

**UNTERSUCHUNGEN**

- Ausführliche Patientenanamnese und Untersuchung
- Beobachtung des Patienten während der gesamten Behandlung und Dokumentation der verabreichten Medikamente einschließlich Dosierung
- Nochmalige Untersuchung des Patienten vor seiner Entlassung und Feststellung, daß er klinisch stabil ist

- Bei Risikopatienten ausführliche allgemeinärztliche oder internistische Voruntersuchung (außer in Notfällen) und entsprechendes Monitoring

**THERAPIE**

- Oberflächenanästhesie
- Terminal- bzw. Infiltrationsanästhesie
- Leitungsanästhesie
- Ganglionblockade
- Basale Leitungsanästhesie

**RISIKOFAKTOREN**

- Akute oder chronische Infektion
- Allergiedisposition gegen Lokalanästhetika oder Konservierungsmittel
- Kardiovaskuläre Grunderkrankung

**KOMPLIKATIONEN**

- Gewebeverletzungen als Folge der Lokalanästhesie (Mukosa, Nerv, Gefäß)
- Langanhaltende oder persistierende Sensibilitätsstörung
- Hämatom
- Injektionsnadelbruch
- Aspiration/Verschlucken in die Luft- oder Speiseröhre (z. B. Nadeln)
- Infektion/Abszedierung (Spritzenabszeß)
- Persistierende Kieferklemme
- Intraarterielle oder intravenöse Injektion des Lokalanästhetikums
- Allergische Reaktion
- Synkope
- Atemstillstand
- akuter Myokardinfarkt
- akuter kerebrovaskulärer Infarkt/Insult
- Organschaden
- Herzkreislaufstillstand
- Tod

**EMPFEHLUNG**

Ein Notfallkoffer bzw. eine entsprechende Notfallausrüstung sollte vorhanden sein. Der behandelnde Arzt oder Zahnarzt muß mit den erforderlichen Soforthilfemaßnahmen vertraut sein und sein Hilfspersonal diesbezüglich unterweisen. Der Patient und/oder seine Begleitperson muß postoperativ zum Zeitpunkt der Entlassung über noch einzuhaltende Vorsichtsmaßnahmen instruiert werden.

## 8.2 Analgosedierung

**DEFINITION**

Unter Analgosedierung ist eine Schmerzausschaltung mittels parenteraler Anästhetika, Narkosegas und/oder Oralmedikation zu verstehen, wobei der Patient selbständig und kontinuierlich atmet und dabei auf physische Stimuli und verbale Kommandos des Behandlers reagiert.

**THERAPIEZIELE**

- Reduzierung der Wahrnehmung des Patienten
- Reduzierung der Angst
- Verbesserung der Patientenkooperation
- Vollständige Rückbildung obengenannter Veränderungen innerhalb eines definierten Zeitraumes

**THERAPIEINDIKATIONEN**

Geplante chirurgische Maßnahmen, die eine Reduzierung des Wachheitszustandes, der Erwartungsangst und/oder der Schmerzen des Patienten erforderlich machen, so daß die geplante Behandlung durchgeführt werden kann.

**UNTERSUCHUNGEN**

- Ausführliche Patientenanamnese
- Ausführliche allgemeinmedizinische und/oder internistische Untersuchungen und/oder zusätzliche Laboruntersuchungen, falls diese vor der Behandlung erforderlich sind (außer in Notfällen)
- Ausfüllen eines Narkoseprotokolls für jeden Patienten, welches folgende Daten beinhaltet: Prämedikation, verabreichte Medikamente und Dosierungen, Initialzeichen, verwendetes Monitoring, Lokalanästhesie

**THERAPIE**

- Intravenöse Injektion eines Sedativums und eines zentral wirksamen Schmerzmittels
- Zusätzlich ist eine Lokalanästhesie erforderlich

**RISIKOFAKTOREN**

- Allergiedisposition gegen verwendete Sedativa, Lokalanästhetika oder Konservierungsmittel
- Kardiovaskuläre Grunderkrankung

**KOMPLIKATIONEN**

- Plötzliche Veränderungen des Bewußtseinszustandes/Wachheitszustandes des Patienten (z. B. tiefe Narkose)
- Längeranhaltende, tiefe Sedierung über 3 h
- Synkope
- Medikamentenreaktion
- Periphere vaskuläre Verletzung (Phlebitis, interarterielle Injektion)
- Infektion
- Psychische Alteration (z. B. Depression, sexuelle Phantasien)
- Aspiration in Trachea oder Ösophagus
- Atemstillstand
- Akuter Herzinfarkt
- Akuter zerebrovaskulärer Insult
- Herzkreislaufstillstand
- Tod

**EMPFEHLUNG**

Zur Durchführung einer Analgosedierung müssen in der Praxis entsprechende Notfalleinrichtungen vorhanden sein. Während der Analgosedierung sollte neben dem Chirurgen mindestens ein Arzt zusätzlich anwesend sein, welcher für die Behandlung von Notfällen und Erste-Hilfe-Maßnahmen ausgebildet ist. Notfalleinrichtungen und Überwachungsgeräte müssen vorhanden sein (z. B. Sauerstoffversorgung, Pulsoxymeter). Vor der Entlassung muß eine Kontrolle der vitalen Zeichen, Sicherstellung der Stabilität und Aufklärung des Patienten, daß er für eine festzulegende Zeit kein Fahrzeug oder eine Maschine bedienen darf, erfolgen. Entlassung nur unter Begleitung eines Erwachsenen.

## 8.3 Vollnarkose

**DEFINITION**

Unter Vollnarkose versteht man ein allgemeines Anästhesieverfahren, bei dem der Wachheitszustand, die Angst und der Schmerz eines Patienten während einer geplanten chirurgischen Maßnahme zentral so weit herabgesetzt wird, daß die Schutzreflexe und die Spontanatmung des Patienten teilweise oder vollständig verlorengehen.

**THERAPIEZIELE**

Das Therapieziel besteht darin, den Schmerz und die Angst durch Ausschaltung des Bewußtseins während der Behandlung zu beseitigen, wobei der Ausgangszustand nach einer bestimmten Zeitspanne vollständig wiederhergestellt wird.

## THERAPIEINDIKATIONEN

- Größere chirurgische Eingriffe
- Therapie von behandlungsunwilligen Kindern und Debilen
- Therapie von Patienten, bei denen die Untersuchung und/oder der Eingriff in Lokalanästhesie oder Analgosedierung nicht möglich ist

## UNTERSUCHUNGEN

- Ausführliche Patientenanamnese
- Ausführliche allgemeinmedizinische und/oder internistische Untersuchungen und/oder Laboruntersuchungen, falls diese vor der Behandlung erforderlich sind (außer in Notfällen)
- Führung eines Narkoseprotokolls für jeden Patienten
- Dokumentation der verwendeten Anästhetika und deren Dosierung
- Vor der Entlassung des Patienten nochmalige ausführliche Untersuchung

## THERAPIE

- Intubationsnarkose
  - Transoral
  - Transnasal
  - Sonstige (z. B. Tracheotomie, submental)
- Maskennarkose

## RISIKOFAKTOREN

- Allergiedisposition gegen verwendete Medikamente
- Internistische Grunderkrankung (z. B. kardiovaskulär, Lungenfunktion)

## KOMPLIKATIONEN

- Medikamentenreaktion
- Fremdkörperaspiration in Trachea oder Ösophagus
- Zahnverletzung
- Peripheres oder zentrales neurologisches Defizit
- Psychische Alteration (z. B. Depression, sexuelle Phantasien)
- Organverletzung/-versagen
- Atemstillstand
- Lungenödem
- Akuter Myokardinfarkt
- Akuter zerebrovaskulärer Insult
- Herzstillstand/-versagen
- Tod

180  Anästhesie

**EMPFEHLUNG**

Notfalleinrichtung und Sauerstoffversorgung müssen gewährleistet sein. Anwesenheit von Operateur und Anästhesisten sowie mindestens einer qualifizierten Fachkraft (welche in Erste-Hilfe-Maßnahmen und Wiederbelebungsmaßnahmen erfahren ist). Regelmäßige Wartung des Narkosegerätes (siehe Herstellerangaben). Kontinuierliche Beobachtung und Dokumentation im Narkoseprotokoll. Lagerung und Schutz des Patienten zur Vorbeugung von Verletzungen des Patienten durch sich selbst und/oder durch andere. Kontrolle der Körpertemperatur zur Vermeidung der Hypo- oder Hyperthermie während der Anästhesie. Sauerstoff und eine Absauganlage sollten im Aufwachraum vorhanden sein. Kontinuierliche Patientenbeobachtung während der Aufwachphase bis zur vollständigen Stabilisierung des Patienten. Kontrolle und Dokumentation, daß die vitalen Zeichen vor der Entlassung stabil sind. Ausführliche postoperative Instruktion des Patienten und/oder eines verantwortlichen Erwachsenen.

# Springer und Umwelt

Als internationaler wissenschaftlicher Verlag sind wir uns unserer besonderen Verpflichtung der Umwelt gegenüber bewußt und beziehen umweltorientierte Grundsätze in Unternehmensentscheidungen mit ein. Von unseren Geschäftspartnern (Druckereien, Papierfabriken, Verpackungsherstellern usw.) verlangen wir, daß sie sowohl beim Herstellungsprozess selbst als auch beim Einsatz der zur Verwendung kommenden Materialien ökologische Gesichtspunkte berücksichtigen.

Das für dieses Buch verwendete Papier ist aus chlorfrei bzw. chlorarm hergestelltem Zellstoff gefertigt und im pH-Wert neutral.

MIX
Papier aus verantwortungsvollen Quellen
Paper from responsible sources
FSC® C105338

If you have any concerns about our products,
you can contact us on
**ProductSafety@springernature.com**

In case Publisher is established outside the EU,
the EU authorized representative is:
**Springer Nature Customer Service Center GmbH
Europaplatz 3, 69115 Heidelberg, Germany**

Printed by Libri Plureos GmbH
in Hamburg, Germany